新能源汽车职业教育理实一体化系列教材

新能源汽车动力电池拆装与检测

主　编　孔　超
副主编　夏文军

北京理工大学出版社
BEIJING INSTITUTE OF TECHNOLOGY PRESS

内容简介

本书是天津职业技术师范大学汽车职业教育研究所组织编写，教材采用基于工作过程的方法开发。内容以典型工作任务为载体进行组织，主要包括电源及充电系统检查、动力电池的更换以及动力电池的检测三个学习情境，每个情境下还包含若干学习任务，每个学习任务以实际工作任务进行导入，理论知识包含共性知识和个性知识，实践技能部分以比亚迪新能源车型为例。

本书适合于开设新能源汽车类专业的职业院校使用，也可以供新能源汽车技术培训机构使用，同时也可作为从事新能源汽车维修等相关行业人员的参考书。

版权专有　侵权必究

图书在版编目(CIP)数据

新能源汽车动力电池拆装与检测 / 孔超主编. -- 北京：北京理工大学出版社，2020.7（2023.12重印）

ISBN 978-7-5682-8748-7

Ⅰ.①新… Ⅱ.①孔… Ⅲ.①新能源－汽车－蓄电池－装配（机械）－职业教育－教材②新能源－汽车－蓄电池－检修－职业教育－教材 Ⅳ.① U469.720.7

中国版本图书馆 CIP 数据核字（2020）第 132410 号

责任编辑：张鑫星	**文案编辑**：张鑫星
责任校对：周瑞红	**责任印制**：边心超

出版发行 / 北京理工大学出版社有限责任公司
社　　址 / 北京市丰台区四合庄路 6 号
邮　　编 / 100070
电　　话 /（010）68914026（教材售后服务热线）
　　　　　　（010）68944437（课件资源服务热线）
网　　址 / http://www.bitpress.com.cn
版　印　次 / 2023 年 12 月第 1 版第 3 次印刷
印　　刷 / 定州启航印刷有限公司
开　　本 / 787 mm × 1092 mm　1/16
印　　张 / 10.5
字　　数 / 245 千字
定　　价 / 37.00 元

图书出现印装质量问题，请拨打售后服务热线，负责调换

编写委员会

编委会顾问

  吴全全 朱　军 王仁广 王　斌

编委会主任

  申荣卫

编委会成员（按姓氏拼音排序）

  包丕利 何泽刚 孔　超 台晓虹

  徐利强 徐念峰 杨小刚 周　毅

前言

"新能源汽车动力电池拆装与检测"是新能源汽车维修类专业针对电动汽车维修工进行能力培养的一门专业核心课程，主要培养学生利用现代诊断和检测设备进行电源及充电系统检查、充电桩安装调试、电动汽车动力电池系统的更换、功能测试、故障诊断与分析等专业能力，同时注重培养学生的社会能力和方法能力。

本教材采用"以行动为导向、基于工作过程"的课程开发方法进行开发，以电动汽车维修工针对电动汽车充电桩安装、电源系统及动力电池典型工作任务为载体，梳理和序化理论知识，根据学生的认知规律设计了相应学习情境和任务。

主要特点如下：以典型工作任务为载体，每个任务都有明确的学习目标；典型工作任务来源于电动汽车维修工实际工作岗位，并进行了适当的教学化加工；理论知识按照典型工作任务的需求进行重新序化，理论和实践以典型工作任务为主线进行了有机融合；车型以比亚迪新能源车为主，其他车型为辅，本书全部内容均在实车上进行了验证。

本书坚持"知行合一、工学结合"，设计成新型活页式教材，匹配有活页式任务工单，并配套开发教学设计、教学课件、教学录像等信息化资源。同时为适应"互联网+职业教育"发展需求，运用现代信息技术改进教学方式方法，推进虚拟工厂等网络学习空间建设和普遍应用，作者团队天津职业技术师范大学汽车职业教育研究所，整体开发了包含操作录像、VR资源、教学动画等资源在内的"汽车专业课程及教学资源库平台"专业教学资源库。

本书适合于开设新能源汽车类相关专业的本科和职业院校使用，建议采用理实一体化的教学方式开展教学，也适用于各类培训机构使用。

本书采用"校企双元"模式共同开发，由天津职业技术师范大学孔超担任主编，青岛军民融合学院夏文军担任副主编，铁门关职业技术学院张建峰、潍坊市技师学院李源、成都汽车职业技术学校李平、天津职业技术师范大学丁鹏飞参与编写。

本书在编写过程中得到了天津闻达天下科技有限责任公司提供的资金、设备及技术支持，在此表示衷心的感谢。在编写过程中参考了大量国内外相关著作和文献资料，在此一并向有关作者表示感谢。

由于编者水平有限，难免有错漏之处，敬请读者批评指正。

编　者

目录

学习情境1 电源及充电系统检查 ··············· 1

任务1 充电装置的使用 ··············· 2
- 一、充电模式 ··············· 3
- 二、车上充电系统 ··············· 4
- 三、慢充充电方式 ··············· 4
- 四、慢充充电策略 ··············· 6
- 五、快充充电方式 ··············· 7
- 六、比亚迪e5充电口电路分析 ··············· 10
- 七、电动汽车无线充电技术 ··············· 13
- 八、交流充电适配器的使用 ··············· 14

任务2 交流充电桩的安装与调试 ··············· 16
- 一、交流充电桩的功能 ··············· 17
- 二、交流充电桩结构 ··············· 18
- 三、电能计量模块（计费系统） ··············· 19
- 四、充电控制单元 ··············· 19
- 五、电气防护系统 ··············· 20
- 六、读卡器模块 ··············· 21
- 七、人机交互单元 ··············· 22
- 八、交流充电桩与电动汽车握手过程 ··············· 23
- 九、典型充电桩结构 ··············· 31
- 十、直流充电桩 ··············· 34
- 十一、交流充电桩的安装 ··············· 35
- 十二、交流充电桩的调试 ··············· 36

任务3 车载充电机检查 ··············· 37
- 一、车载充电机的分类 ··············· 38
- 二、车载充电机的结构 ··············· 40
- 三、车载充电机工作过程 ··············· 41
- 四、典型车载充电机拓扑 ··············· 43
- 五、车载充电机基本参数 ··············· 44
- 六、基于正负脉冲的车载充电机 ··············· 45
- 七、比亚迪e5车载充电机数据流读取 ··············· 46

任务4 DC-DC变换器的检查 ··············· 49
- 一、DC-DC变换器的作用 ··············· 49
- 二、DC-DC变换器的分类 ··············· 50
- 三、DC-DC变换器的组成 ··············· 52
- 四、典型DC-DC变换器工作原理 ··············· 54
- 五、DC-DC变换器的参数及命名 ··············· 55
- 六、DC-DC变换器拓扑 ··············· 56
- 七、DC-DC变换器的检查 ··············· 57

学习情境2　动力电池的更换 ·········· 59

任务1　动力电池的更换 ·········· 60
一、动力电池的作用和分类 ·········· 60
二、锂离子电池 ·········· 62
三、锂电池的结构和工作原理 ·········· 67
四、燃料电池汽车 ·········· 68
五、动力电池的更换 ·········· 69

任务2　动力电池内部认知 ·········· 72
一、动力电池模组 ·········· 73
二、动力电池管理系统 ·········· 74
三、动力电池箱体及辅助器件 ·········· 75
四、比亚迪e5动力电池 ·········· 75
五、动力电池参数 ·········· 76
六、动力电池充放电特性 ·········· 78
七、比亚迪e5动力电池内部认知 ·········· 79

学习情境3　动力电池的检测 ·········· 83

任务1　电池管理系统认知 ·········· 84
一、电池管理系统的作用 ·········· 84
二、BMS的工作方式 ·········· 86
三、比亚迪e5电池管理系统 ·········· 89
四、某集中式BMS功能 ·········· 93
五、比亚迪e5电池管理控制器更换 ·········· 94

任务2　动力电池的状态监测 ·········· 96
一、电压的测量 ·········· 97
二、电流的测量 ·········· 99
三、温度的采集 ·········· 102
四、接触器状态检测 ·········· 104
五、绝缘检测 ·········· 105
六、高压互锁检测 ·········· 106
七、典型电动汽车电池管理系统 ·········· 107
八、使用故障诊断仪读取电池信息 ·········· 108

任务3　动力电池的管理 ·········· 113
一、动力电池SOC估算 ·········· 113
二、动力电池的均衡 ·········· 116
三、动力电池的热管理 ·········· 123
四、客车动力电池冷却技术 ·········· 124
五、电池热管理控制器更换 ·········· 126

参考文献 ·········· 128

学习情境 1
电源及充电系统检查

【学习目标】

1. 能够正确规范地使用车间和个人防护用具；
2. 能正确使用万用表等工量具；
3. 能根据充电要求制定正确的充电计划；
4. 能按照正确操作规范进行动力电池的补充充电；
5. 能按照正确操作规范进行充电桩的安装与调试；
6. 能按照正确操作规范进行车载充电机的数据流的读取；
7. 能按照正确操作规范进行 DC-DC 变换器的检查。

充电装置的使用

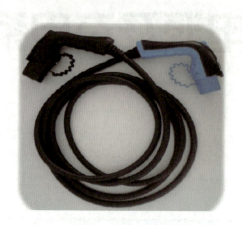

任务导入

小王买了一辆新的比亚迪 e5 电动汽车，需要利用家用 220 V 电源对电动汽车进行补充充电，你知道如何安全规范的进行充电吗？

学习目标

（1）能通过查阅相关维修技术资料等方式获取车辆信息。
（2）能根据充电要求制定正确的充电计划。
（3）能按照正确操作规范进行动力电池的补充充电。
（4）能按照要求整理现场。

理论知识

动力电池作为电动汽车的唯一能量来源，需要外部进行充电。当动力电池剩余电量低于一定电量时（一般为 30%），在仪表板上会出现类似如图 1-1-1 所示图标，提醒使用者应对电动汽车进行充电。充电是指将交流或直流电网（电源）调整为校准的电压/电流，为电动汽车动力电池提供电能，也可额外地为车载电气设备供电。

当剩余电量低于一定值时（一般为10%），为保护动力电池车辆会限速行驶。电动汽车充电是电动汽车使用过程中必不可少的环节，充电快慢影响着电动汽车使用者出行的规律。根据电动汽车动力电池组的技术特性和使用性质，可存在着不同充电模式。

图 1-1-1　充电提醒标志

电动汽车还可以采用换电池方式，在换电站进行动力电池的更换，更换时间只需要 5~10 min，与燃油汽车进站加油时间相当。这种方式决定了电动汽车在电能耗尽后，只需在短时间内更换电池而不用当时进行充电的优点，但该方式也受电池的许多因素的限制，如电池型号是否匹配、接口是否通用等。快速换电池的方式常见于专业电动汽车电池更换站以及电池种类较为齐全的充电站。目前大规模采用难度较大。

一、充电模式

电动汽车充电模式是指连接电动汽车到电网（电源）给电动汽车供电的方法。

按照 GB/T 18487.1—2015 规定，充电模式有四种：

1. 模式 1——直接连接充电

将电动汽车连接到交流电网（电源）时，在电源侧使用了符合标准要求的插头插座，在电源侧使用了相线、中性线和接地保护的导体。这种模式是指直接将交流电网通过电缆组件直接连接车上充电设备（一般为车载充电机），这种方式充电保护较弱，充电较慢。

2. 模式 2——交流适配器连接充电

将电动汽车连接到交流电网（电源）时，在电源侧使用了符合标准要求的插头插座，在电源侧使用了相线、中性线和接地保护的导体，并且在充电连接时使用了缆上控制保护装置。这种模式是指采用交流适配器将电网（一般为家用电 220 V 插座）与车上充电设备（一般为车载充电机）进行连接，这种方式费用较低，但充电较慢。

3. 模式 3——交流充电桩充电

将电动汽车连接到交流电网（电源）时，使用了专用供电设备，将电动汽车与交流电网直接连接，并且在专用供电设备上安装了控制导引装置。这种模式是指采用了交流充电桩连接车辆进行充电，采用线缆组件连接车上充电设备（一般为车载充电机）。这种方式需要安装交流充电桩，充电速度较直流充电桩慢，但是有助于延长电池寿命。

4. 模式 4——直流充电桩充电

将电动汽车连接到交流电网或直流电网时，使用了带控制导引功能的直流供电设备。这种模式是指采用了直流充电桩连接车辆进行充电，充电时间短，但是不利于延长电池使用寿命。

二、车上充电系统

无论通过哪种充电模式，外部电网都需要通过线缆和其他设备等连接车辆，因此车上充电系统一般包括：交流充电口、车载充电机、直流充电口、高压配电装置、动力电池、电池管理器等，如图 1-1-2 所示。

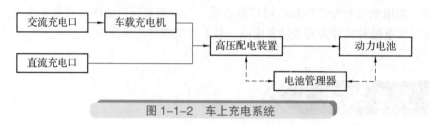

图 1-1-2　车上充电系统

可以看出，由于外部电网供电不同，一般车上充电系统的对外接口有两个：交流充电口和直流充电口，分别针对的是交流充电（慢充充电）和直流充电（快充充电）两种方式。交流充电时，外部电网接入的电能还需要车载充电机转换为能够给动力电池进行充电的高压直流电。

三、慢充充电方式

慢充充电也称为交流充电或常规充电方式，指用充电连接线将电动汽车和交流充电装置连接进行充电的方式。根据充电装置的不同，慢充充电又可以分为两类：交流充电桩充电（充电模式3）和充电适配器充电（充电模式2）。慢充充电模式的缺点是充电时间较长，但其对充电设备的要求并不高，充电器和安装成本较低；可充分利用电力低谷时段进行充电，降低充电成本；更为重要的是可对电池深度充电，提升电池充放电效率，延长电池寿命。充电桩交流充电为标准充电模式时（充电桩充电），在环境温度大于 0 ℃的情况下，车辆从电量报警状态到充满电，耗时 6~10 h。当使用充电适配器充电式时，充电功率为 3 kW 左右，为家用标准空调插座（16 A 插座）所能提供的最大安全功率。

1. 交流充电桩充电

将充电连接线直接连接交流充电桩进行充电，充电连接线可以连接交流公共充电桩和车辆，如图 1-1-3 所示。

充电连接线一端是蓝色的充电枪，用来连接车辆慢充口，另一端是黑色充电枪，用来连接充电桩。连接车辆端的充电枪有 7 个针脚，如图 1-1-4 所示。

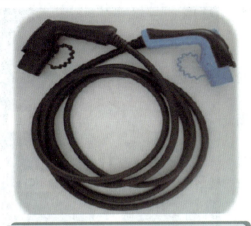

图 1-1-3　充电连接线

图 1-1-4　连接车辆端的充电枪针脚

使用自带的充电连接线时，一定要将蓝色充电枪插入车身上慢充口，将黑色充电枪插充电桩，然后打开充电桩电源（或打开计费开关）。有些交流充电桩也自带了充电连接线，可以直接连接慢充口进行充电。

2. 通过交流适配器充电

这种充电方式使用家用 220 V 交流电进行充电，需要将随车配置的交流充电适配器的三相插头插入家庭用电，充电枪插入电动汽车慢充接口即可进行充电，如图 1-1-5 所示。

充电电流有 16 A 和 32 A 两种，16 A 电流充电时间一般在 6~8 h。32 A 电流充电时间一般在 4~6 h。因此用户在使用该类充电方式时一定要注意所用插座允许使用的最大电流，以免发生危险。

3. 慢充口

采用慢充充电方式时，要将充电枪连接到慢充口。部分车辆的慢充口在原油箱加油口位置，也有部分车辆设置在车辆前部进气栅格下。比亚迪 e5 的慢充口和快充口设计在一起，位于车辆前部进气栅格下，慢充口位于图 1-1-6 中左侧。

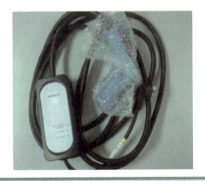

图 1-1-5　慢充适配器（充电连接线 2）

图 1-1-6　比亚迪充电口位置

车身上慢充口是带有7个针脚的接口,各针脚定义如图1-1-7所示。

图1-1-7中各个针脚的作用如下:

CP端:控制确认,该针脚信号正常说明充电枪和车上系统控制信号正常;

CC端:充电连接器确认,该针脚信号正常说明充电枪和车身连接正常;

N端:家庭用电220 V零线端,该针脚为零线供电端;

PE端:接地端,该针脚用于接地;

L端:家庭用电220 V火线端,该针脚为火线供电端;

NC2端:空;

NC1端:空。

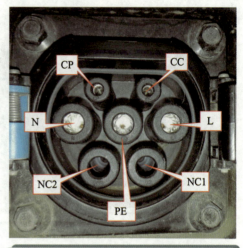

图1-1-7 慢充口的7个针脚的定义

慢充时,交流电通过充电桩或者适配器后,经慢充口进入车载充电系统,经线束将交流电送入车载充电机,车载充电机将交流电转化为直流电后经高压控制盒,通过高压母线给动力电池进行充电。

4. 慢充的特点

常规慢充方式的优点:充电所需功率和电流相对较低,充电设备成本比较低。可充分利用电力低谷时段进行充电,降低充电成本,可提高充电效率和延长电池的使用寿命。

常规慢充方式的缺点:充电时间过长,当车辆有紧急运行需求时难以满足,并且需要专门的停车场地。电池和车载充电机与车辆是一个整体,使得整车的价格相对较高。

常规慢充方式适用情况主要有:

(1)用户对电动乘用车的行驶里程要求相对较低,车辆行驶里程能满足用户1天使用需要,利用晚间停运时间可以完成充电。

(2)由于常规慢充充电电流和充电功率比较小,因此在居民区、停车场和公共充电站都可以进行充电。

(3)规模较大的集中充电站,能够同时为多辆电动乘用车提供停车场地并进行充电。

四、慢充充电策略

锂离子电池慢充时一般采用恒压充电的方式进行充电,超过一定电压值,电池物质会发生分解,影响电池的安全性。所以锂离子电池对充电终止电压的精度要求很高,一般误差不能超过额定值的1%。

对于锂离子电池,充电过程一般分为三个阶段:预充电阶段、恒定电流充电阶段和恒定电压充电阶段,如图1-1-8所示。

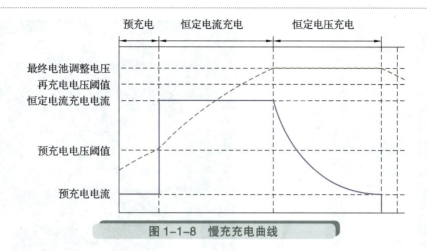

图 1-1-8 慢充充电曲线

预充电阶段是电池电压较低时，电池不能承受大电流的充电，这时有必要以小电流对电池进行浮充，主要是完成对过放电的锂电池进行修复；当电池电压达到一定值时，电池可以承受大电流充电，这时以恒定的大电流充电，以使锂离子快速均匀的转移。可以用以下两种方法判断是否停止恒定电流充电：

（1）电池最高电压终止法：电池电压达到最高电压限制时，到了电池承受电压的极限时，应终止恒定电流充电；

（2）电池最高温度终止法，电池温度达到 60℃ 时，应立即停止充电。

随后，进入恒压充电阶段，充电电流逐渐降低，单节电池的恒压充电电压应在规定值的 ±1% 内变化。恒压充电的截止条件一般用最小充电电流来控制，充电电流很小时（一般为 0.05 C 或恒流充电电流的 1/10），表明电池充满，应停止充电。

五、快充充电方式

1. 快充口

快充充电方式也称为直流充电，指用充电连接线将电动汽车和直流充电桩连接进行充电的方式。这类充电方式充电时间短，能够在较短时间给蓄电池补充大量电能。目前，直流充电桩可以提供 100 A 的充电电流。一般直流充电桩带有充电连接线，如图 1-1-9 所示，可以连接车辆的快充口进行直流充电。

快充充电桩连接线一端是蓝色的充电枪，用来连接车辆。连接车辆端的充电枪有 9 个针脚，对应车身上快充充电口的 9 个针脚槽。采用快充充电方式时，要将充电枪连接到车前栅格中部车标下方充电口，如图 1-1-6 所示。

车身上快充口带有 9 个针脚的接口，如图 1-1-10 所示。

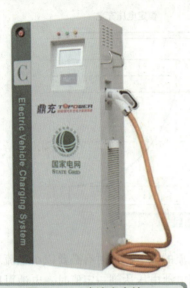
图1-1-9　直流充电桩

图1-1-10　快充口的9个针脚

各个针脚的定义如下：
DC-：直流电源负；
DC+：直流电源正；
PE：车身地（搭铁）；
A-：低压辅助电源负极；
A+：低压辅助电源正极；
CC1：充电连接确认1；
CC2：充电连接确认2；
S+：充电通信CAN_H；
S-：充电通信CAN_L。

快充时，交流电通过充电桩转换为直流电后，通过充电连接线进入车上快充口，然后直接经过高压控制盒后，经高压母线给动力电池进行充电。直流充电口通过高压线直接连接高压控制盒。

2. 快充充电策略

快充充电方法是采用脉冲快速充电。脉冲快速充电是指充电过程中不断用反复放电充电的循环充电。首先进行一级充电，给电池组用0.8~1倍额定容量的大电流进行定流充电，使蓄电池在短时间内充至额定容量的50%~60%。接着由电路控制先停止充电25~40 ms，接着再放电或反充电，使电池组反向通过一个较大的脉冲电流，然后再停止充电。当电池电量到达标称容量的60%后，进行二级充电，充电电流变为0.5~0.6倍额定容量的大电流。随着电池电量逐渐增加，之后的充电都按照正脉冲充电-前停充-负脉冲瞬间放电-后停充-再正脉冲充电的循环，充电电流按照上一级的60%来继续进行充电，直至充满，如图1-1-11所示。

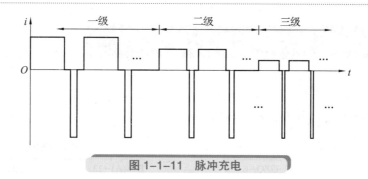

图 1-1-11 脉冲充电

以锂电池为例，选用容量为 4 A·h 的电池，工作电压范围为 3~4.4 V。对电池进行了不同倍率下的充电测试，当充电倍率小于 0.77 C 时，充电截止电压为 4.4 V，当充电倍率大于 0.77 C 时，首先充电到 4.2 V，接着使用 0.77 C 充电到 4.4 V。

为了降低极化，希望在不影响电池寿命的基础上在 4.2 V 之前用较大电流也能充入较多容量。一般选择如图 1-1-12 所示的三阶段脉冲电流充电法。阶段电流逐渐减小，其中阶段间的转折点为截止电压 4.2 V。当第三阶段充电至 4.2 V 时，转入 0.77 C 的 CC-CV 充电阶段，此时截止电压为 4.4 V。

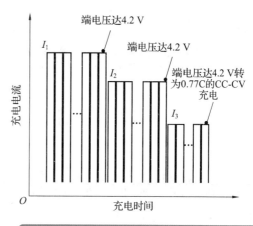

图 1-1-12 三阶段脉冲电流充电法

考虑电池的循环使用寿命及充电安全，三个阶段中脉冲电流的幅值分别设定为 1.2 C、1.1 C 和 1 C。充电电流占空比和频率占空比大小直接影响平均充电率。为了满足第一脉冲阶段平均充电率大于 1 C 的要求，占空比设置为 0.9，应将充电脉冲电流周期设定为 100 s。

充电电流幅值调整策略随着电池老化，电池动力学及倍率特性变差。脉冲电流的幅值应根据电池健康状态调整。充电过程中，极化电压反映了电池内部电化学反应的速度和电池两极电势的平衡情况，是衡量充电效率和充电接受能力的量化表现。通过控制极化电压，可以有效控制充电过程中电池内部离子浓度和正负极反应速度。而随着电池的老化，电池动力学特性变差，若在电池老化后仍以相同大小的电流对电池进行充电，必将加大充电过程中的极化电压，将会引起电池容量的加速衰退。

脉冲快速充电的最大优点为充电时间大为缩短，且可增加适当电池容量，提高起动性能。可是脉冲充电电流较大，对极板的活性物质的冲刷力强，活性物质易脱落，因此对电池组寿命有一定影响。现阶段大多数快速充电都采取脉冲充电方法。

快速充电模式实质上为应急充电模式，其目的是短时间内给电动汽车充电。高功率高电压的工作条件，从而使得快速充电模式仅在大型充电站或公路旁作为应急使用。虽然快速充电的充电速度非常高，其充电时间接近内燃机注入燃油的时间，可是充电设备安装要求和成本非常高，并且快速充电的电流电压较高，短时间内对电池的冲击较大，容易令电池的活性物质脱落和电池发热，因此对电池保护散热方面要求有所更高的要求，并不是每款车型都可快速充电。无论电池再完美，长期快速充电终究影响电池的使用寿命。

六、比亚迪 e5 充电口电路分析

1. 比亚迪 e5 慢充口

比亚迪 e5 慢充充电口电路如图 1-1-13 所示。

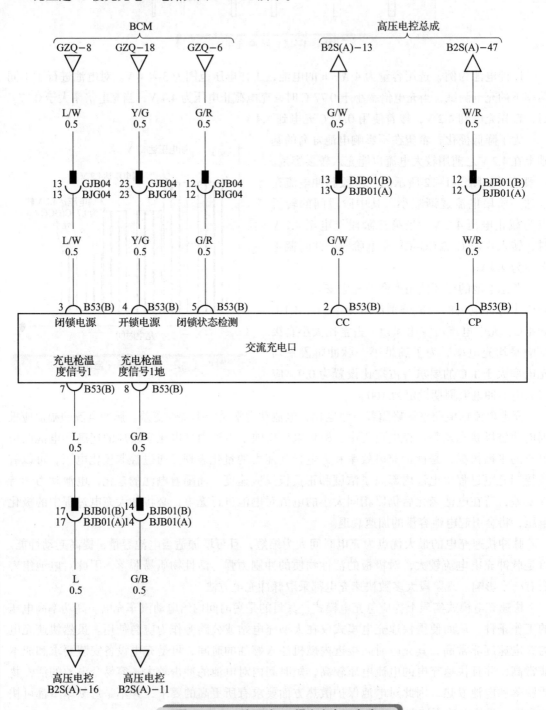

图 1-1-13　比亚迪 e5 慢充充电口电路

1）慢充口充电连接及充电确认信号

可以看出，车上交流充电口上 1、2 端子为 CC 和 CP 信号，分别为充电连接确认和充电控制确认。当车上充电口未连接充电枪时，CC 信号电压为 12 V，无电流；当充电枪连接车辆充电口时，CC 信号为 12 V，高压电控总成检测该线路电阻来确定是否连接完成以及该充电枪的额定充电功率。

充电枪上 CC 端子电路如图 1-1-14 所示，充电枪 CC 端子与充电口 CC 端子对应，充电枪 PE 端子与充电口 PE 端子对应，R 与 R_C 为电阻，S 为常闭微动开关。具体过程如下：

不插电时，充电口 CC 端子为 12 V 且无电流。将充电枪插入时，操作人员按下充电枪按钮，开关 S 断开，R 与 R_C 电阻串联；当枪上 CC 端子和充电口 CC 端子连接后，车辆控制装备检测电路电阻为

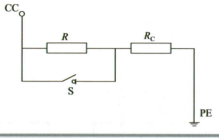

图 1-1-14 充电枪上 CC 端子电路

R 和 R_C 电阻之和，表示充电枪已插入但是操作人员未松开充电枪按钮。当操作人员把充电枪插到位并松开按钮时，S 开关闭合，此时 R 电阻被短路，因此车辆控制装备检测电路阻值为 R_C 电阻，充电枪已经插好且操作人员已经离开充电枪，此时充电枪与充电口连接正常，具备充电条件。

不同额定充电功率的充电枪 R_C 电阻阻值是不同的，具体如表 1-1-1 所示。

充电口 CP 端子在不连接充电枪时，电压为 0 V，插上充电枪且未充电状态时，CP 端子为 9 V 的 PWM 信号，当 CP 端子降低为 6 V 的 PWM 信号时表示充电枪控制确认信号正常，可以进行充电。

表 1-1-1 R_C 阻值与充电枪充电功率的关系

额定充电功率 /kW	R_C 阻值 /Ω
3.3 及以下	680
7	220
40	100

2）慢充口充电锁

交流充电口 3 和 4 号端子分别为充电锁闭锁信号和开锁信号。当充电枪连接充电口时，BCM 控制闭锁电路工作，慢充口充电锁锁闭，防止其他人拔下充电枪。当按下车辆遥控钥匙车辆开锁按钮时，BCM 控制开锁电路工作，慢充口充电锁解锁，可以拔下充电枪。5 号端子为慢充口充电锁状态监测信号。

3）慢充口充电口温度传感器信号

交流充电口上安装有温度传感器，用来检测充电过程中充电口温度，其信号送入高压电控总成。图 1-1-13 中的 7 号端子即温度传感器信号，8 号端子为温度信号地。

2. 比亚迪 e5 快充口

比亚迪 e5 快充充电口电路如图 1-1-15 所示。

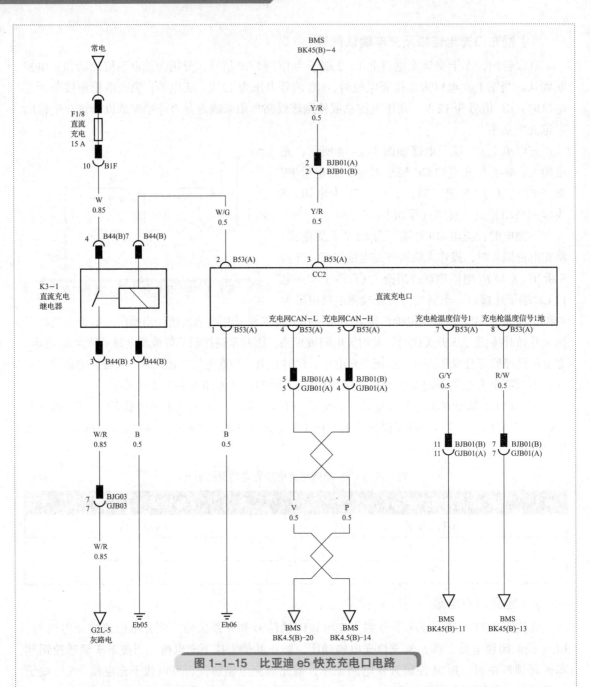

图 1-1-15 比亚迪 e5 快充充电口电路

1）直流充电口低压辅助电源

直流充电口 1、2 号端子分别为接地和低压辅助电源正。其目的为直流充电继电器供电，使车上双路电供电的相关低压设备能够工作。

2）直流充电感应信号

图 1-1-15 中 3 号端子为直流充电感应信号，连接 BMS。

3）快充 CAN 通信

图 1-1-15 中 4、5 号端子为快充 CAN 总线信号，其中 4 号端子为快充 CAN_L，5 号端子

为快充 CAN_H，连接充电桩和 BMS 进行通信以确定电池状态、充电策略等。

4）快充口充电口温度传感器信号

快充口上安装有温度传感器，用来检测充电过程中充电口温度，其信号送入 BMS。图 1-1-15 中的 7 号端子即温度传感器信号，8 号端子为温度信号地。

拓展阅读

七、电动汽车无线充电技术

有线充电技术能源转换一次性获得，电能损失小，节能环保；交直流转换一次性，不存在中高频电磁辐射；充电桩及充电机等充电设备技术门槛不太高，经济投入不大，维修方便；充电功率调节范围较宽，适合多种不同电压和电流等级的动力电池储能补给。其缺点是：充电设备的移动搬运和电源的引线过长，人工操作烦琐；充电站及充电设备公共占地面积过大；人工操作过程中，极易出现设备的过度磨损等不安全性隐患。

无线充电技术使用方便、安全，无火花及触电危险，无积尘和接触损耗，无机械磨损和相应的维护问题，可适应多种恶劣环境和天气。其缺点是：设备的经济成本投入较高，维修费用大；实现远距离大功率无线电磁转换，能量损耗相对较高；无线充电设备的电磁辐射会对环境造成污染。

无线充电技术引源于无线电力输送技术。无线电力传输也称无线能量传输或无线电能传输，主要通过电磁感应、电磁共振、射频、微波、激光等方式实现非接触式的电力传输。根据在空间实现无线电力传输供电距离的不同，可以把无线电力传输形式分为短程、中程和远程传输三大类。

1. 短程传输

通过电磁感应电力传输（ICPT）技术来实现，一般适用于小型便携式电子设备供电。ICPT 主要以磁场为媒介，利用可分离变压器耦合，通过初级和次级线圈感应产生电流，电磁场可以穿透一切非金属的物体，电能可以隔着很多非金属材料进行传输，从而将能量从传输端转移到接收端，实现无电气连接的电能传输。电磁感应传输功率大，能达几百千瓦，但电磁感应原理的应用受制于过短的供电端和受电端距离，传输距离上限是 10 cm 左右。

2. 中程传输

通过电磁耦合共振电力传输（ERPT）技术或射频电力传输（RFPT）技术实现，中程传输可为手机、MP3 等仪器提供无线电力传输。ERPT 技术主要是利用接收天线固有频率与发射场电磁频率相一致时引起电磁共振，发生强电磁耦合的工作原理，通过非辐射磁场实现电能的高效传输。电磁共振型与电磁感应型相比，采用的磁场要弱得多，传输功率可达几千瓦，能实现更长距离的传输，传输距离可达 3~4 m。RFPT 主要通过功率放大器发射射频信号，通过检波、高频整流后得到直流电，供负载使用。RFPT 距离较远，能达 10 m，但传输功率很小，为几毫瓦至百毫瓦。

3. 远程传输

通过微波电力传输（MPT）技术或激光电力传输（LPT）技术来实现。远程传输对于太空科技领域如人造卫星、航天器之间的能量传输以及新能源开发利用等有重要的战略意义。MPT是将电能转化为微波，让微波经自由空间传送到目标位置，再经整流转化成直流电能，提供给负载。微波电能传输适合应用于大范围、长距离且不易受环境影响的电能传输，如空间太阳能电站等。LPT是利用激光可以携带大量的能量，用较小的发射功率实现较远距离的电能传输。激光方向性强、能量集中，不存在干扰通信卫星的风险，但障碍物会影响激光与接收装置之间的能量交换，射束能量在传输途中会部分丧失。

实践技能

八、交流充电适配器的使用

（1）打开后备厢盖，取出交流充电模式2连接线；该线上有三相插头、适配器以及交流充电枪，适配器上有电源指示、故障指示、充电指示功能；使用该连接线时，确保充电口干燥且无异物，供电端必须增加漏电保护开关，三相插头必须与插座可靠连接，供电端必须可靠接地；使用过程中严禁撞击、拖拽充电线；此连接线仅用于电动汽车充电使用，雨天不可使用此设备进行充电；充电时要注意额定充电电流与供电端匹配。

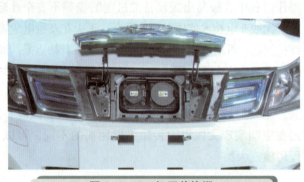

图 1-1-16 打开前格栅

（2）打开车门，拉起充电口拉手，打开前格栅，如图 1-1-16 所示。

（3）将三相插头插入供电端，电源指示灯点亮；各种模式下指示灯状态如图 1-1-17 所示。

YCAC16-5M-010 电动汽车模式2充电盒
YCAC16-5M-010 EV Mode 2 Charging Box

工作状态 Condition	指示灯状态图 LED Display Status		
	电源指示灯 Power	充电指示灯 Charge	故障指示灯 Fault
初始模式 Initial Mode	亮（0.5s） On（0.5s）	亮（0.5s） On（0.5s）	亮（0.5s） On（0.5s）
充电模式 Charging Mode	常亮 On	闪烁（1s） Blink（1s）	灭 Off
故障模式 Fualt Mode	常亮 On	灭 Off	亮（0.5s） On（0.5s）

图 1-1-17 各种模式下指示灯状态

（4）打开充电枪盖，打开慢充口内盖，按下充电枪按钮，插入充电枪，如图1-1-18所示。

（5）松开充电枪按钮，此时适配器上充电指示灯闪；打开车门，仪表盘上会显示车外温度、充电电压、充电电流以及剩余电量。

（6）当充电完成时，按下充电枪按钮，拔出充电枪，盖上充电枪盖，盖上慢充口内盖和外盖，从供电端拔下三相插头，收起交流充电模式2连接线整理后放入后备厢。

图1-1-18　插入充电枪

单元小结

（1）充电是指将交流或直流电网（电源）调整为校准的电压/电流，为电动汽车动力电池提供电能，也可额外地为车载电气设备供电。电动汽车充电模式是指连接电动汽车到电网（电源）给电动汽车供电的方法。

（2）无论通过哪种充电模式，外部电网都需要通过线缆和其他设备等连接车辆，因此车上充电系统一般包括：交流充电口、车载充电机、直流充电口、高压配电装置、动力电池、电池管理器等。

（3）慢充充电也称为交流充电或常规充电方式，指用充电连接线将电动汽车和交流充电装置连接进行充电的方式。根据充电装置的不同，慢充充电又可以分为两类：交流充电桩充电和充电适配器充电。

（4）使用自带的充电连接线时，一定要将蓝色充电枪插入车身上慢充口，将黑色充电枪插入充电桩，然后打开充电桩电源（或打开计费开关）。有些交流充电桩也自带了充电连接线，可以直接连接慢充口进行充电。

（5）锂离子电池慢充时一般采用恒压充电的方式进行充电，超过一定电压值，电池物质会发生分解，影响电池的安全性。所以锂离子电池对充电终止电压的精度要求很高，一般误差不能超过额定值的1%。

交流充电桩的安装与调试

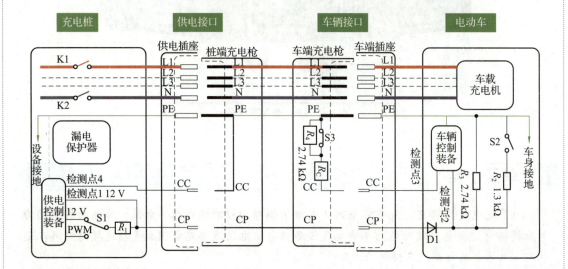

任务导入

小王在新能源汽车充电桩公司工作,今天需要组装一台充电桩。你知道如何安全规范地进行充电桩的安装与调试吗?

学习目标

(1)能通过查阅相关技术资料等方式获取充电桩结构及原理信息。
(2)能制定正确的安装调试计划。
(3)能按照正确操作规范进行充电桩的安装与调试。

理论知识

2011年国家发布了GB/T 20234—2011标准,对电动汽车充电模式进行了规定,模式主要包括四种:

1）充电模式1

将电动汽车连接到交流电网时，在电源侧使用符合国标要求的插头、插座，使用交流电进行充电。这种形式采用交流电直接给电动汽车充电，目前基本没有采用。

2）充电模式2

将电动汽车连接到交流电网时，在电源侧使用符合国标要求的插头、插座，使用交流电进行充电，并且在充电连接电缆上安装了缆上控制保护装置。这种形式即为采用随车充电适配器的充电方式。

3）充电模式3

将电动汽车连接到交流电网时，使用了专用供电设备，将电动汽车与交流电网直接连接，并且在专用供电设备上安装了控制导引装置。这种形式即为采用交流充电桩的充电方式。

4）充电模式4

将电动汽车连接到交流电网或直流电网时，使用了带控制导引功能的直流供电设备。这种形式即为采用直流充电桩的充电方式。

充电模式3即采用交流充电桩的充电模式，充电方便，充电桩投入较小，充电时对动力电池冲击较小，利于延长充电寿命，因此广泛采用。

一、交流充电桩的功能

交流充电桩是一种可以和交流电网相连接，通过车载充电机对电动汽车电池进行电能补给的一种安装在车外的装置。交流充电桩本身并不具备充电功能，其只是单纯提供电力输出，还需要连接电动汽车车载充电机，方可起到为电动汽车电池充电的作用。由于电动汽车车载充电机的功率一般都比较小，所以交流充电桩无法实现快速充电。单项充电桩的最大额定功率在7 kW左右，主要适用于为小型乘用车（纯电动汽车或可插电混合动力电动汽车）充电。根据车辆配置电池容量，充满电的时间一般需要3~8 h。三相交流充电桩的最大额定功率为43~44 kW，充电较快，半小时充电达到电池容量的80%。

交流充电桩可以实现电费计量，充电模式选择（按充电金额、时间、电量、预约定时进行充电以及自动充电等），通信，异常状态保护等功能。

国内外目前分布式交流充电桩的设计主要有两种，一种是围绕智能电表开发的交流充电桩，具备智能电表通信的相关软硬件接口以及智能电表与充电桩主板之间沟通的通信协议，实现智能电表的费用统计、电量统计以及通信等功能；另一种是围绕电能计量芯片开发的交流充电桩，能够进行电能费用计量、充电进程管理。

对充电桩的基本要求如下：充电桩必须能够提供稳定的交流电源，并具有操作简单、电量计量准确、无人值守及自动收费等功能。技术相应指标有：

1）功能需求

充电桩因直接与用户接触，故外形尺寸需要满足大众舒适操作的尺寸，其次其操作界面应该简洁易懂，在界面中能够很方便的选择充电方式、了解充电状态及充电费用与耗时等信息。

充电桩通常安置于室外,所以其外壳需要防腐防水的材料并且充电桩应该有基于充电安全保护的安全防护系统。

2)工作条件

工作环境温度:-20℃~+50℃工作环境温度:低于95%电能计量精度:1.0级(计费标准可按照浮动峰谷电价进行调整)。

3)主要电路参数

输入/输出交流电压:AC 220 V(±20%);

频率范围:50 Hz(±0.5%);

输出功率:7 kW;

输出电流:32 A。

二、交流充电桩结构

交流充电桩硬件结构框图如图1-2-1所示,其中核心控制器是交流充电桩硬件系统的处理信息与控制的关键部分,需要其具有丰富的外设资源和强大的计算能力。微处理器通过接口与人机交互系统进行通信。交易结算模块由RFID射频读写器和Ml卡组成,核心控制器通过SPI接口与RFID射频读写器进行数据传输,完成用户身份识别和费用结算收缴功能。电量计算模块将获取到的充电电流、电压和电量等参数,通过接口与微处理器进行数据传输。网络通信模块采用具有4G无线数据传输功能的模块,微处理器通过接口与网络通信模块进行数据的发送和接收,硬件系统数据与4G网络双向透明传输。控制导引模块负责监测充电接口的状态,核心控制器通过该模块输出PWM信号与电动汽车充电器进行通信。安全防护模块由急停开关、漏电保护器组成,微处理器通过10端口与电磁继电器连接,电磁继电器控制交流接触器的闭合与断开,微处理器持续监测急停开关、剩余电流动作保护器的运行情况,在发生紧急情况时迅速报警。

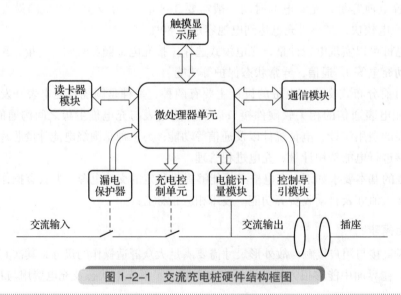

图1-2-1 交流充电桩硬件结构框图

三、电能计量模块（计费系统）

目前交流充电桩的电能计量设计上主要有两种形式，一种是围绕智能电表开发的交流充电桩，要求设计人员通过开发与智能电表通信的相关软硬件接口以及设计用于智能电表准确与充电桩控制主板之间沟通的通信协议，实现智能电表的费用统计、电量统计以及通信等功能，其特点是项目开发的周期较短，电表结构简单，便于维护；另一种是围绕电能计量芯片开发的交流充电桩，将电能计量芯片有针对性地进行嵌入式开发，达到电能费用计量、充电进程管理的目的，其特点是项目开发成本较低，产品灵活、体积小。

市面上流行的电能表主要分为两大类，感应式和电子式电能表，感应式电能表利用了电磁感应，将用电过程中的电参数转化为磁力矩，进而带动计度器的转动，感应式电能表的电量计量值在意外断电的情况下会自动保存；电子式电能表是根据数模电路得到的电参数向量乘积来进行电量计量，特点是精度高、功能全面，具有外部通信接口。

电能计量模块通常由 MCU（微控制器）、传感器（互感器）和外设电路三部分组成。其中微控制器中又包含数据运算控制处理和数据通信几个部分的功能，每当有电流通过互感器时，互感器就会将自身感应到的电流和电压传送到微控制器的引脚，然后 MCU（微控制器）利用自带的模数转换功能将接收到的电流模拟量和电压模拟量转换成为数字量，之后再进行数据运算，将运算结果按通信协议通过 MCU 的串口发送出去。电能计量模块工作的原理如图 1-2-2 所示。

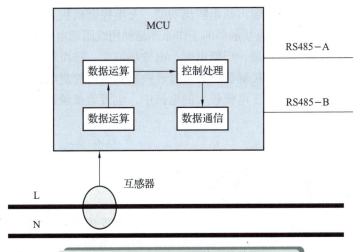

图 1-2-2　电能计量模块工作的原理

四、充电控制单元

充电控制单元控制器的引脚电压仅为 3.3 V，而分布式交流充电桩系统的电能可到达 220 V 交流电，故无法直接用控制器来实现交流电的通断调控。为了实现这种用小电压（控制器端口 3.3 V 电压）来控制大电压（交流充电桩的 220 V 电压）的通断功能，充电控制模块中采用了串联控制型电路，一般由三级四部分组成，如图1-2-3所示，依次为控制器端口连接光耦合器再连接交流继电器，最后连接交流接触器的串联型电路。该电路的四个部分产生三级不同信号并进行逐级的控制，利用电平转换最终实现了充电控制。

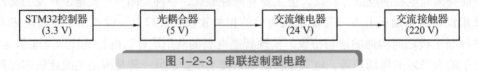

图1-2-3　串联控制型电路

从图1-2-3可看到控制器使用其3.3 V的引脚来进行电压控制光耦合器，再用光耦合器的5 V电压来控制24 V的交流继电器，进而实现对220V接触器（交流）的控制。其中，光耦合器也称为光隔离器，是一种以光亮为媒介信号的光电转换器件。把输入端的电信号转化为光信号，然后再耦合到输出端，再转化为电信号输出的一种器件，也正是由于它的这种结构，使得光耦合器的输入输出端并未直接连接，再加之电信号传输具有单向性的特点，具有很好的抗干扰和电绝缘特点，因而广泛应用于各种电路中。光耦合器由三部分组成，分别是电信号驱动的发光器件——发光二极管，接收光而产生光电流的光探测器，还有进一步放大输出的信号放大部件。故而光耦合器可以将控制器端口的3.3 V电压经过放大至5 V电压输出，不仅如此，它还充当了控制器和220 V交流电的隔离装置。紧接着连接的是24 V的继电器装置。继电器本身就是一种利用小电流实现大电流控制的器件，它不仅可以作为控制电路的一种开关，也是一种电路的保护调节装置。继电器的种类非常多，分类细致，在本设计中，我们选用的是直流隔离型固态继电器。将光耦合器5 V输出电压放大后得到24 V电压，并在充电控制模块三级串联电路中实现输入输出的电隔离功能。充电控制模块三级串联电路的最后一级是220 V的交流接触器装置。交流接触器的工作原理是利用线圈通电产生磁场进而吸引铁芯带动触片使得触点闭合完成电路连通，当断电时，电磁场消失，进而释放触片，触点断开从而断开电路。和继电器类似，交流接触器也是通过转换来实现的控制电路。但是通常继电器用于电流较小的电路，而接触器用于电流较大的电路中，也因为接触器中配备有灭弧罩，故而更适合用在电流较大的电路中。

五、电气防护系统

充电桩是一个综合的电气设备，在其工作时有可能会发生电路的短路或者漏电现象；充电桩的安装地点有可能是裸露在户外的，因而其电气设备也有遭雷击或者水淹的可能，为了在发生这些意外时充电桩自身具有一定的保护功能，因此需要设计电气防护单元。设计的思路分为两部分，一部分是由断路器、电涌保护器、漏电保护器组成的电气硬件保护部分，另一部分是由中断程序实现的电气软件防护部分。防护流程如图1-2-4所示。

故障分析和保护程序流程如图1-2-5所示。

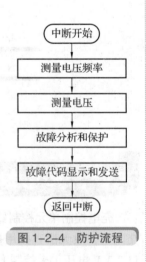

图1-2-4　防护流程

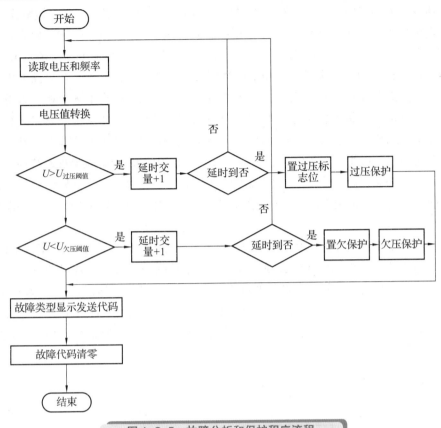

图 1-2-5 故障分析和保护程序流程

在对电动汽车进行充电时，控制系统会监测充电电压的数值，判断其是否电压过高或者电压过低。在这里瞬时电压不能作为程序评判电压是否正常的评判标准，应在发现电压异常并且异常持续一段时间后才做出反应。如程序的判断结果为电压异常并已经持续一段时间，那么充电控制系统则将马上执行相关的故障措施，并立即上报故障信息。

六、读卡器模块

智能卡是一种将微芯片嵌入塑料卡中制作而成的，可以实现相应的结算功能的卡，其内包含一个微电子芯片，使用时通常需要和读写器进行数据交换。智能片又称为IC卡，是目前使用最普及、应用最广泛的自动交易结算工具。根据不同的角度，IC卡也有很多不同的分类。根据镶嵌芯片的不同，IC卡可以分为存储卡、逻辑加密卡和CPU卡以及超级智能卡四种不同类型。其中存储卡上集成了译码电路以及可以进行编程的只读存储器EEPROM，虽然卡片使用简单，价格相对低廉，但由于本身不具备保密功能，在安全性能上是最差的；逻辑加密卡在存储卡的基础上，加入了加密逻辑单元，在读写智能卡的时候都会对其进行验证，造价也相对便宜；CPU的内部则包含了微数据处理器单元（CPU），输入和输出接口单元，存储单元（RAM、EEPROM和ROM），该片比较常用在保密级别比较高的地方（比如军事或金融）；超级智能卡是在CPU卡的基础上增加了一些外设，比如显示屏（液晶）、供电电压、键盘甚至指纹识别等。根据交换界面的不同，我们又可以将智能卡分为以下三种：接触式智能IC卡和非接触式智能IC卡，还有双界面卡。其中接触式智能IC卡是通过IC卡的触点与读写设备（IC卡刷片机）的触点相接触来完成数据交换操作的；非接触式智能卡则是通过卡内的RFID射频电路通过非接触的方式来进行与相应的数据交换从而完成读写的；双界面卡则是将前两种卡（集成接触式和非接触式）组合在一张智能卡中实现的。综合上述分析，本设计最终决定采用目前比较常见的非接触式的智能IC卡来进行交易结算。该卡包含了接触式智能卡的优点，除了加密单元和存储单元，同时还加入了RFID射频电路，使它具有操作简单、安全性能高、抗干扰能力强、可用于多种结算系统等特点。因此智能IC卡是充电桩系统理想的交易结算方式。充电桩的交易结算主要是要实现用户身份识别、费用收取、交易信息处理以及用户账户管理的功能，这就需要IC卡及读写模块和控制系统都具有一定的交易管理功能才能得以实现。

用户刷卡流程如图1-2-6所示。用户使用充电桩进行充电时，首先将IC卡置于刷卡区域，这时交流充电桩的微处理器单元将会通过外设的读卡器模块进行卡内信息的读取，并将读取的内容传输回监控系统进行验证，如果通过验证卡片有效，那么则读取用户个人的身份信息，并进行密码输入验证，若密码输入正确，则开始充电；若密码输人不正确则跳转至首次刷卡界面。当完成充电时提示用户进行第二次刷卡付费，并将用户的充电信息上传，最终保存在用户服务中心的存储器上。

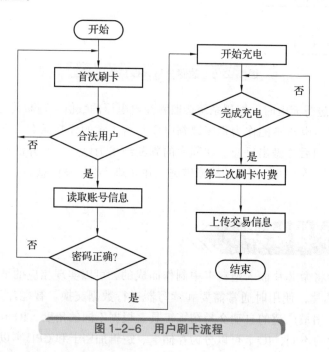

图1-2-6　用户刷卡流程

七、人机交互单元

交流充电桩作为一个直接与客户面对面的终端设备，需要能够给使用者展现一个简洁大方、友好并且便于操作的使用界面，而我们也是以此为目标和方向来进行设计的，从而使产品能够更好地适应市场的需求。

人机交互单元包括以下五个功能：

（1）液晶触摸屏的操作及显示功能。

液晶触摸屏的显示功能不但可以实时地展示出交流充电桩各个时候的运行信息，也可以显示出用户或者管理人员对信息的查询结果，以及充电数据的显示功能；液晶触摸屏的触摸操作功能可以使用户通过该屏对充电参数等进行设置或查询个人费用信息等，管理员通过触摸屏操作可以对充电桩运行状况等参数进行设置和日常系统检测维护。

（2）语音提示功能。用户对充电桩进行操作的同时，对关键步骤、特别需要注意的事项进行语音提示，引导用户正确操作。

（3）指示灯的功能。用不同颜色的指示灯来反应充电桩的不同工作状态，从而让用户实时掌握充电桩是否正常工作。

（4）小票打印功能。可以在用户充电结束后将本次充电消费以小票的形式给消费者留下一个纸质凭证。

八、交流充电桩与电动汽车握手过程

采用交流充电桩时，供电接口电气连接界面示意图如图1-2-7所示。

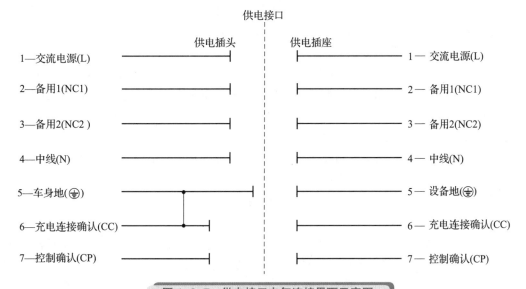

图1-2-7 供电接口电气连接界面示意图

在充电连接过程中，首先接通保护接地触头，最后接通控制确认触头与充电连接确认触头。在脱开的过程中，首先断开控制确认与充电连接确认触头，最后断开保护接地触头。使用交流充电桩充电时，其电气简图如图1-2-8所示。

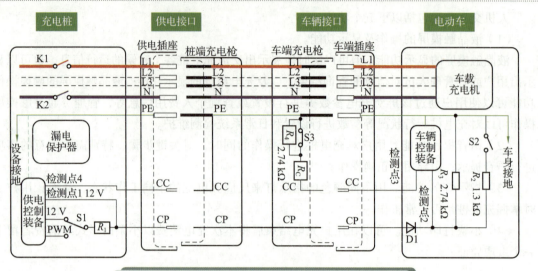

图1-2-8 电动汽车交流充电桩充电时的电气简图

可以看出，充电桩部分包含两个接触器开关K1、K2，分别控制L1和N线，L2和L3为备用的三相交流电的另外两项；桩内安装有漏电保护装置，一般采用漏电保护开关；充电桩内供电控制装备用来进行供电装备相应的控制，主要有信号的发出和检测，发出的信号有12 V直流电压信号和12 V的PWM占空比信号，S1开关为继电器，受控于供电控制装备。供电控制装备通过检测点1的电压信号确定CP端子外部连接情况。供电控制装备通过检测点4的电压信号确定插枪后CC是否连接正常。

供电接口部分即为同充电桩连接的充电枪，一般为黑色。接口包括L1、N、PE插口，CC和CP插口为充电连接确认和充电控制确认。现在一般充电桩上自带充电连接线，因此取消了该供电接口。

车辆接口即为同电动汽车连接的充电枪，一般为蓝色。接口包括L1、N、PE插口，CC和CP插口为充电连接确认和充电控制确认。同时，充电枪上有检测电路，该线路上有微动开关S3，即为充电枪上的按钮。当按下按钮时，S3断开，CC与PE之间通过电阻R_C与R_4串联后连接；当松开按钮时，S3接合，R_4被短路，CC与PE之间通过电阻R_C连接。R_C电阻值标定了充电枪的额定充电功率。

电动汽车端插座接口包括L1、N、PE插口，CC和CP插口为充电连接确认和充电控制确认。

电动汽车端安装有车载充电机、车辆控制装备及检测电路。S2为继电器，受控于车辆控制装备，检测点2的信号确定了是否能够正常进行充以及供电设备的最大供电电流。检测点3的信号确定了车辆端充电枪连接状态及充电额定容量。

充电桩与电动汽车握手具体过程如下：

I. 充电连接线与充电桩的连接

桩端充电枪插入供电插座之前检测点4悬空且具有12 V电压；继电器S1处于上位，检测点1检测电压为供电控制装备提供的12 V直流电压，如图1-2-9所示。

充电连接线与充电桩连接时，即将充电连接线黑色充电枪插入充电桩时，为了保证操作人安全，因此首先连接 PE 端子，即首先使桩端充电枪 PE 端子插入充电桩供电插座中，这是通过设计时加长桩端充电枪端子长度实现的。

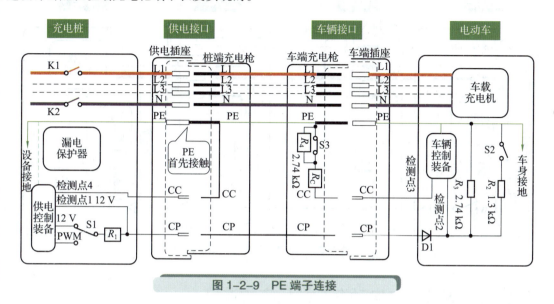

图 1-2-9　PE 端子连接

之后 L1 和 N 端子连接，如有 L2、L3，此时也连接。K1、K2 一直处于断开状态，因此不会产生危险，如图 1-2-10 所示。

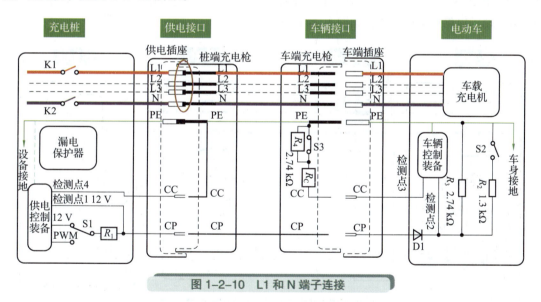

图 1-2-10　L1 和 N 端子连接

当继续插入桩端充电枪时，CC 和 CP 端子分别正常连接，充电桩供电控制装备通过检测点 4 检测 CC 端子接地，认为 CC 端子正常连接，如图 1-2-11 所示。

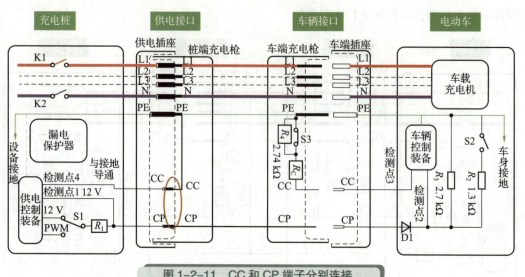

图 1-2-11 CC 和 CP 端子分别连接

2. 充电连接线与电动汽车端插座的连接

未插入充电枪时,车辆控制装备检测点检测线路中断路,电阻无穷大,继电器 S2 断开。当充电连接线蓝色充电枪连接电动汽车车端插座时,按下充电枪按钮,S3 断开;插入充电枪时,连接 PE 端子以保证接地安全,如图 1-2-12 所示。

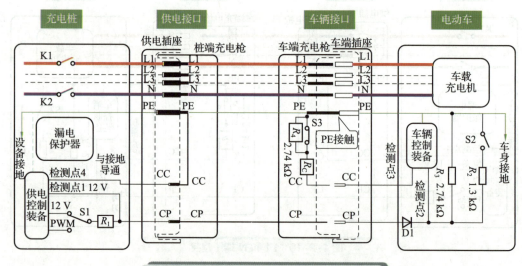

图 1-2-12 充电枪与车端插座 PE 连接

之后 L1 和 N 端子连接,如有 L2、L3,此时也连接。K1、K2 一直处于断开状态,因此不会产生危险,如图 1-2-13 所示。

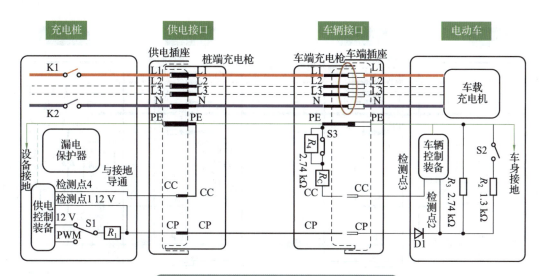

图 1-2-13　充电枪与车端插座供电线路连接

继续插入充电枪，CC 和 CP 端子分别连接，但是操作人员没有松开充电枪上按钮，S3 处于断开状态，如图 1-2-14 所示。

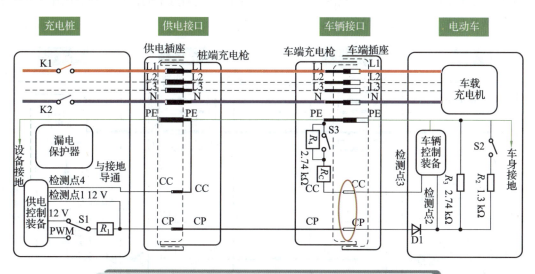

图 1-2-14　充电枪与车端插座 CC 和 CP 端子分别连接

此时，充电桩供电控制装备 12 V 电压引脚所在线路通过继电器 S1、电阻 R_1、CP 端子及电阻 R_2 接地形成回路，由于 R_3 电阻为 R_1 电阻的三倍，因此检测点 1 的电压变为 9 V。此时，供电控制装备认为 CP 端子连接正常，如图 1-2-15 所示。

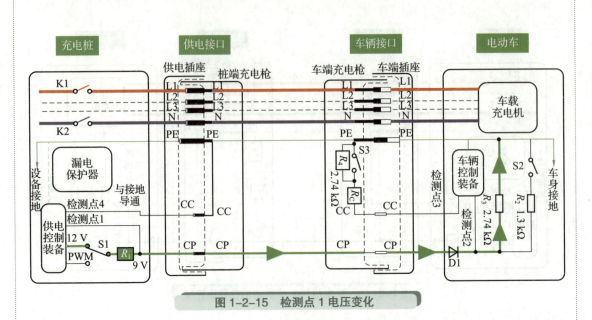

图 1-2-15 检测点 1 电压变化

当检测点 1 电压从 12 V 变为 9 V 后,充电桩检测到充电枪已连接,充电桩的 S1 开关切换到 12 V PWM 信号端,即切换到图 1-2-16 中的下位,检测点 1 的信号由 9 V 电压信号变为 9 V 的 PWM 信号,表示充电设备进入准备就绪状态。

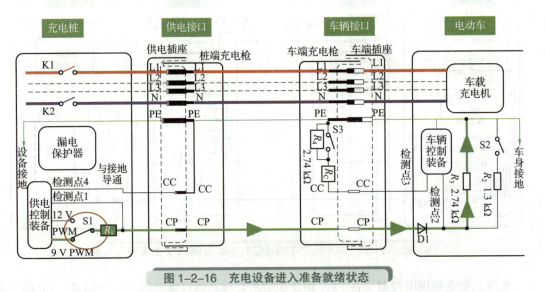

图 1-2-16 充电设备进入准备就绪状态

车辆控制装备检测点 3 检测到车辆接口 CC 端子所在电路电阻为 R_C 和 R_4 之和,判断充电枪为半连接状态,操作人员未远离车辆或充电枪未插到位,如图 1-2-17 所示。

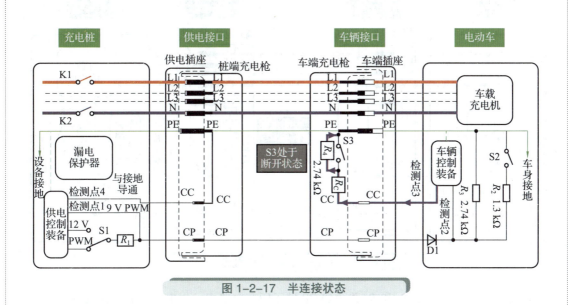

图 1-2-17 半连接状态

当枪插到位,操作人员松开充电枪按钮时,S3 闭合,此时 R_4 被短路,如图 1-2-18 所示。此时,车辆控制装备检测车辆接口 CC 端子所在短路阻值为 R_C 时,判断充电枪连接到位。

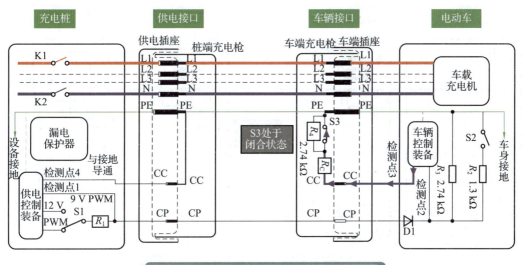

图 1-2-18 充电枪连接正常

3. 充电使能判断

充电枪分别正常连接充电桩和车辆后,要判断是否能够和需要为车辆进行充电。测试充电机会根据动力电池的充电需求、动力电池是否有不充电故障时确定是否进行充电。如果有充电需求且充电机无故障,充电机会闭合继电器 S2,表示车辆准备就绪,请求充电,如图 1-2-19 所示。

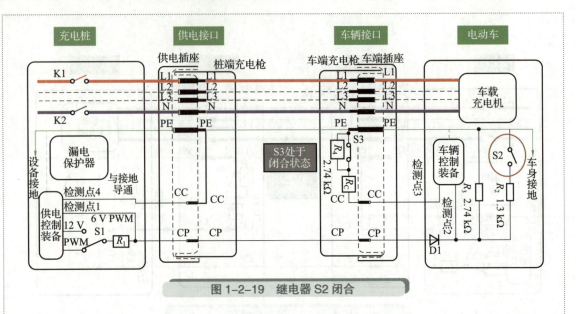

图 1-2-19　继电器 S2 闭合

当继电器 S2 闭合后，R_3 和 R_2 并联如 CP 端子所在电路中，供电控制装备检测点1检测到电压从 9 V 的 PWM 信号转变为 6 V 的 PWM 信号，充电桩判定车辆准备就绪，请求充电，如图 1-2-20 所示。

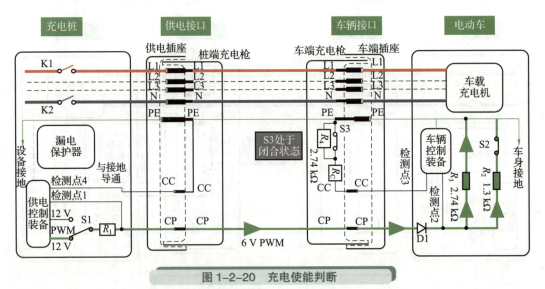

图 1-2-20　充电使能判断

4. 正常充电

供电控制装备判断充电准备就绪后，闭合接触器 K1 和 K2，此时 220 V 交流电通过 L1 和 N 线路给车载充电机供电，车载充电机进行整流升压后给动力电池充电，完成握手过程，如图 1-2-21 所示。

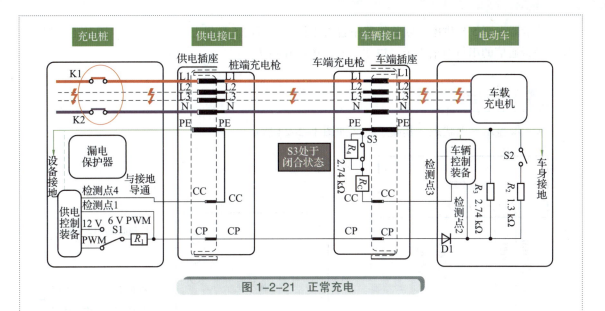

图 1-2-21 正常充电

九、典型充电桩结构

典型充电桩包括充电桩壳体、接线排、单项断路器、智能电表、交流接触器、浪涌防护器（防雷系统）、辅助电源、主控板、显示屏、读卡器、继电器模块等。其电路如图 1-2-22 所示。

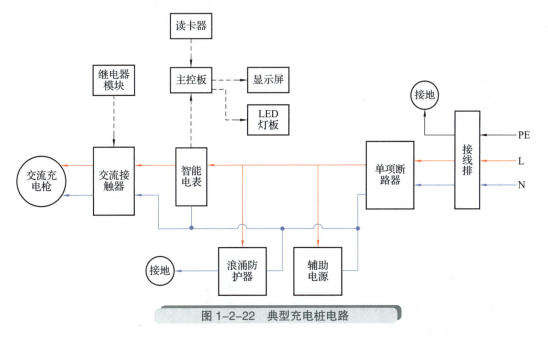

图 1-2-22 典型充电桩电路

主要模块如下：

1. 读卡器

读卡器用来读取供电卡信息及扣费，其端子定义如图 1-2-23 所示。

读卡器需要 5 V 供电，因此线路中包含连接主控板的 5 V 供电和接地端子，同时还有和主控板进行通信的串行通信端子，以便于进行读取和扣费。

2. 显示屏

显示屏显示充电状态，其端子定义如图 1-2-24 所示。

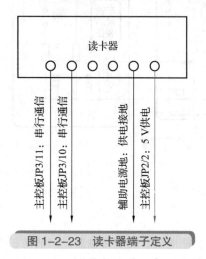

图 1-2-23　读卡器端子定义

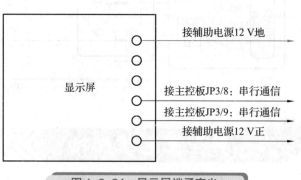

图 1-2-24　显示屏端子定义

显示屏为辅助电源 12 V 供电，因此有 12 V 供电和接地。同时通过两个串行接口与主控板进行通信。

3. LED 灯板

LED 灯板显示充电桩运行状态，其端子定义如图 1-2-25 所示。

LED 灯板上有五个指示灯，分别显示供电（Power）、准备（Ready）、充电（Charge）、错误（Fault）及通用（Com）状态。因此有 5 个信号引脚加 12 V 供电引脚。

4. 辅助电源

辅助电源为主控板、显示屏、读卡器等部件进行供电，引脚为 4 个，一对连接单项断路器的 L1 和 N 为辅助电源供电，另一对输出 12 V 直流电为主控板、读卡器及显示屏进行供电，如图 1-2-26 所示。

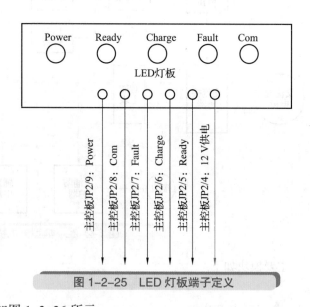

图 1-2-25　LED 灯板端子定义

5. 继电器

继电器用来控制交流接触器，由主控板提供 12 V 供电，并由主控板通过 CN2 口两个端子进行控制，如图 1-2-27 所示。

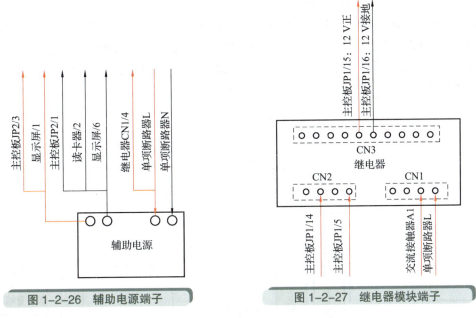

图 1-2-26　辅助电源端子

图 1-2-27　继电器模块端子

6. 主控板

主控板为控制系统的核心部件，有 JP1、JP2 和 JP3 三个插口，主要功能是对充电桩所有的状态和操作进行检测和控制。主控板还要检测充电枪温度和充电桩门是否安装到位。其引脚如图 1-2-28 所示。

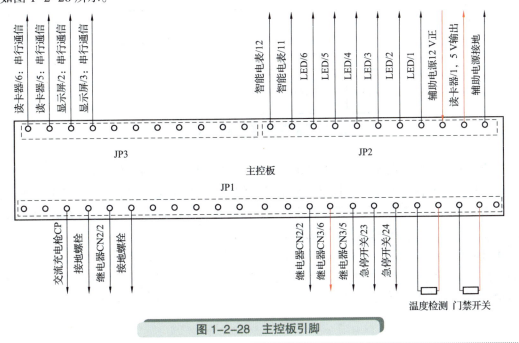

图 1-2-28　主控板引脚

拓展阅读

十、直流充电桩

直流充电桩的输入电压采用三相四线 380 V AC（1±15%），频率 50 Hz，输出可调的直流电，直接为电动汽车的动力电池充电。直流充电桩可以提供足够大的功率，输出的电压和电流调整范围大（适用于乘用车和大巴车的电压需求），可以实现快充。直流充电桩与交流充电桩的计量和通信及扩展计费功能类似，其电气结构如图1-2-29所示。

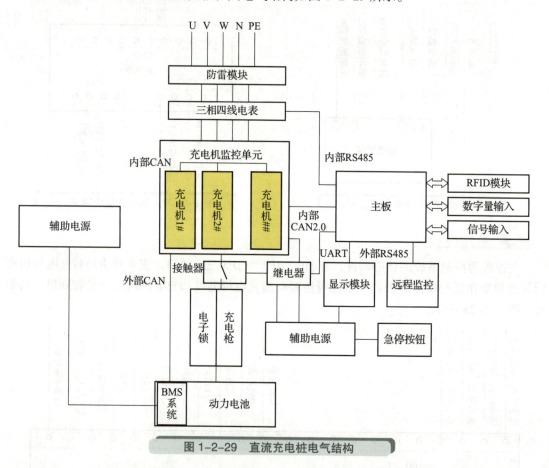

图1-2-29　直流充电桩电气结构

直流充电桩工作原理如下：三相380 V交流电经过EMC等防雷滤波模块后进入到三相四线制电表中，三相四线制电表监控整个充电机工作时的实际充电电量，且根据实际充电电流及充电电压的大小，充电机往往需要并联使用，因此就要求充电机拥有能够均流输出的功能，充电机输出经过充电枪直接给动力电池进行充电。

在直流充电桩工作时，辅助电源给主控单元、显示模块、保护控制单元、信号采集单元及刷卡模块等控制系统进行供电。另外，在动力电池充电过程中，辅助电源给BMS系统供电，由BMS系统实时监控动力电池的状态。

> **实践技能**

十一、交流充电桩的安装

充电桩的安装流程如图 1-2-30 所示。

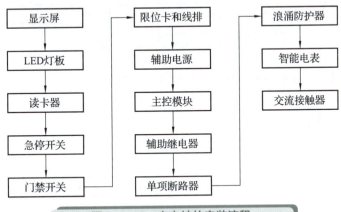

图 1-2-30 充电桩的安装流程

具体流程如下:
(1) 准备工作,检查相关线束和充电桩柜体。
(2) 安全防护,穿戴必要的安全防护装备。
(3) 安装显示屏。
(4) 安装 LED 灯板。
(5) 安装读卡器,如图 1-2-31 所示。
(6) 安装急停开关。
(7) 安装门禁开关。
(8) 安装限位卡。
(9) 安装辅助电源模块。
(10) 安装主控模块。
(11) 安装辅助继电器模块。
(12) 安装接线排。
(13) 安装单相断路器模块。
(14) 安装浪涌保护器模块。
(15) 安装智能电表模块。
(16) 安装交流接触器模块。
(17) 连接各类线束。
(18) 检查 L 与 N 线通断。
(19) 测量接地电阻值,要求小于 1 Ω。
(20) 12 V 电源线短路检查。

图 1-2-31 安装显示屏、LED 灯板和读卡器

十二、交流充电桩的调试

充电桩的调试流程如图1-2-32所示。

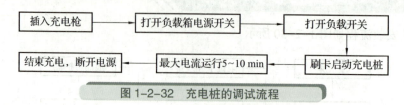

图1-2-32 充电桩的调试流程

刷卡启动充电桩后,充电桩的操作流程如图1-2-33所示。
具体流程如下:
(1)检测供电环境是否正常。
(2)未合闸时电源电压检查。
(3)灯板通电检查(自检系统)。
(4)12 V电源电压检查。
(5)显示屏通电检查。
(6)紧急停机检查。
(7)刷卡通电检查。
(8)参数设置:时间设置和负载设置。
(9)自动充电测试(重启刷卡3次)。
(10)按时间充电测试(1 min)。
(11)按金额充电测试(0.02元)。
(12)按电量充电测试(0.01度)。
(13)重启充电桩查询。
(14)复位工位。

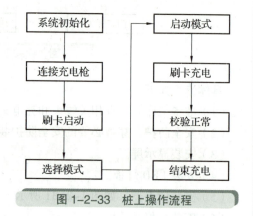

图1-2-33 桩上操作流程

单元小结

(1)将电动汽车连接到交流电网时,使用了专用供电设备,将电动汽车与交流电网直接连接,并且在专用供电设备上安装了控制导引装置。这种形式即为采用交流充电桩的充电方式。

(2)交流充电桩是一种可以和交流电网相连接,通过车载充电机对电动汽车电池进行电能补给的一种安装在车外的装置。交流充电桩本身并不具备充电功能,其只是单纯提供电力输出,还需要连接电动汽车车载充电机,方可起到为电动汽车电池充电的作用。

(3)交流充电桩控制器是交流充电桩硬件系统的处理信息与控制的关键部分,需要其具有丰富的外设资源和强大的计算能力。微处理器通过接口与人机交互系统进行通信。

(4)在充电连接过程中,首先接通保护接地触头,最后接通控制确认触头与充电连接确认触头。在脱开的过程中,首先断开控制确认与充电连接确认触头,最后断开保护接地触头。

车载充电机检查

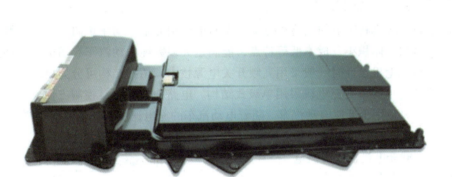

任务导入

小王在新能源汽车某4S店工作,今天接了一辆车,在家不能利用家用电正常充电。师傅告诉小王需要对车载充电机进行数据流读取,你知道如何安全规范的进行车载充电机数据流的读取吗?

学习目标

(1)能通过与客户交流、查阅相关维修技术资料等方式获取车辆信息。
(2)能根据客户要求制定正确的检查计划。
(3)能按照正确操作规范进行车载充电机的数据流的读取。

理论知识

车载充电机是固定安装在电动汽车上,将公共电网的电能变换成车载储能装置所要求的直流电,并给车载储能装置充电的装置。车载充电机安装在车辆内部,其优势就是可以在车库、路边或者住宅等任何有交流电源供电的地方随时充电,功率相对较小。车载充电机固定在电动汽车上,所以车载充电机的参数书是与电动汽车的动力电池相配套的,只需要按照电池管理系统需求的电压电流来供给输出并限制上下限,同时也因为车载充电机安装在汽车固定位置,车载充电机除要提供充电功能外,还应满足小型化、轻量化、高可靠性、高效率的要求。

一、车载充电机的分类

根据结构不同可以分为单向车载充电机、双向车载充电机、集成式车载充电机。单向车载充电机拓扑结构多样、控制简单。双向车载充电机拓扑简单,开关器件数目多,控制复杂,体积较大。集成式车载充电机利用了电动汽车自身驱动系统的功率电路部分,相对减小了体积和质量,但其性能受电动汽车功率电路限制。

1. 单向车载充电机

单向车载充电机利用电网电能给电动汽车蓄电池组充电,功率单向流动,一般具有高效率、高功率因数、体积小及成本低等特点,能满足大多数纯电动汽车和插电式电动汽车的充电需求。车载充电机设计时一般采用高频开关电源技术,拓扑结构可分为单级式结构和两级式结构。早期的单向车载充电机采用单级式结构,电路拓扑简单、控制方便,但是效率和输出功率不高,只适用于低速电动汽车。随着电动汽车的充电速度和充电时间等要求不断提高,电动汽车车载充电机的功率等级越来越高,车载充电机采用两级式拓扑。

单级式车载充电机输入交流电经过 AC-DC 变换为直流电,然后直接为电动汽车电池组供能,如图 1-3-1 所示。

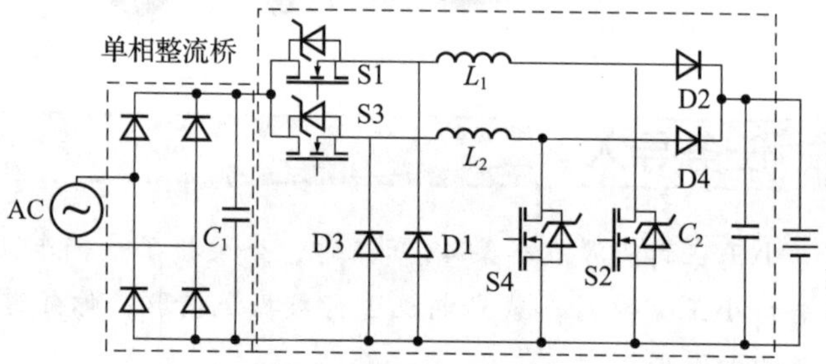

单级式车载充电机具有拓扑结构简单、体积小、质量轻、控制简单、成本低等优点;但因只有一级变换,输出电压范围较窄,其功率因数、效率等技术指标很难达到满意的效果,只适于低速电动汽车充电应用。

图 1-3-1 单级式车载充电机电路

两级式车载充电机是在单级式拓扑的基础上增加一级 DC-DC 变换电路,前级 AC-DC 变换器一般是带功率因数校正的 AC-DC 变换器,目的是提高车载充电机的功率因数,抑制输入电流谐波,减少对电网造成的谐波污染,同时为后级 DC-DC 变换器提供稳定的直流电;后级 DC-DC 变换器一般采用隔离式 DC-DC 变换器,为负载提供一个宽输出电压范围、低纹波、高质量的直流电,如图 1-3-2 所示。

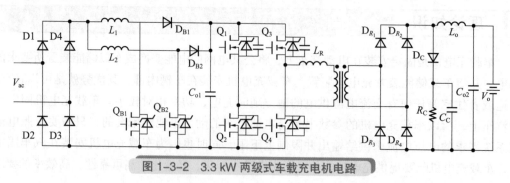

图 1-3-2 3.3 kW 两级式车载充电机电路

两级变换器可以在较宽的输入和输出电压条件下工作,适合宽负载范围充电,具有高功率密度、高效率及高可靠性的特点;但拓扑结构较单级式车载充电机复杂,器件数量多,前后两级变换器各需一个单独的控制器,性能提高的同时也增加了成本。

2. 双向车载充电机

与单向车载充电机的单一功能相比,双向车载充电机一般具有两种工作模式:电池充电模式(OBC)、汽车到电网供电模式(V2G);功率双向流动,不仅能利用电网电能给电动汽车充电(OBC),还能将电动汽车电池的电能回馈到电网,停电期间电动汽车还能作为家庭应急电源(V2G)。因此,电动汽车通过双向车载充电机可以帮助电网调峰填谷,发电高峰期间从电网吸收电能给电动汽车电池组充电,用电高峰期间将电动汽车电池组储存的电能回馈给电网。此外,电动汽车利用双向车载充电机还能与风电机组、汽轮机等构建微电网系统,为未来发展智能电网的多资源协调互补利用提供依据。

双向车载充电机多采用两级变换结构,由双向 AC-DC 变换器和双向隔离 DC-DC 变换器构成,如图 1-3-3 所示。

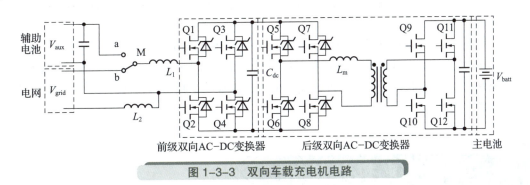

图 1-3-3 双向车载充电机电路

AC-DC 变换器与电网相连,充电时实现功率因数校正和整流升压,放电时实现直流母线电压降压和逆变;DC-DC 变换器与电动汽车电池组相连,主要是控制充放电电压、电流。双向车载充电机按连接的电网相数可分为单相双向车载充电机和三相双向车载充电机。

3. 集成式车载充电机

为了使车载充电机的体积、质量和成本做到最小,1985 年首次提出将车载充电机集成到电动汽车驱动系统中,即在电动汽车原有的功率电路基础上,利用电机绕组、驱动逆变器等功率电子电路设计车载充电机。由于电动汽车驱动和充电不同时进行,充电时可以利用驱动系统器件,比如充电时将电机绕组用作滤波电感,驱动逆变器用作双向 AC-DC 变换器。集成式车载充电机能有效减小体积和成本,但其功率受电动汽车功率部件限制。此外,由于集成车载充电机要实现驱动和充电功能,控制算法复杂。集成式车载充电机电路如图 1-3-4 所示。

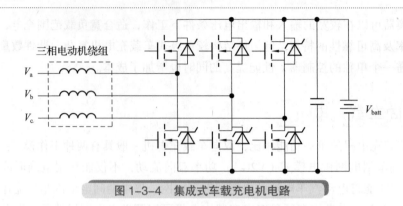

图 1-3-4 集成式车载充电机电路

集成式车载充电机就电动汽车和车载充电机的集成程度可以分为三类：

（1）具有集成逆变器的车载充电机，其逆变器在驱动工作时将动力电池的直流电逆变成交流电给交流电动机供电，充电工作时反向整流。由于集成了电动机驱动逆变器，只需额外增加滤波器和DC-DC变换器就能完成整个车载充电机的设计。

（2）集成电动机绕组的车载充电机根据交流电动机绕组相数不同，需针对性的设计集成车载充电机。集成三相交流电动机绕组的车载充电机中，电动机绕组作为电感使用，如图1-3-4所示。

（3）集成逆变器和电动机绕组的车载充电机：电动汽车充电时，驱动逆变器作为车载充电机AC-DC变换器，电动机绕组作为滤波电感，加入简单的相控整流滤波电路即可实现对蓄电池的充电功能。这种集成车载充电机集成度更高，更有利于减小体积和成本，但所受限制也多，设计难度大。

二、车载充电机的结构

车载充电机由交流输入接口、功率单元、控制单元、直流输出接口等部分组成，充电过程中宜由车载充电机提供电池管理系统（BMS）、充电接触器、仪表盘、冷却系统等低压用电电源。车载充电机连接示意图如图1-3-5所示。

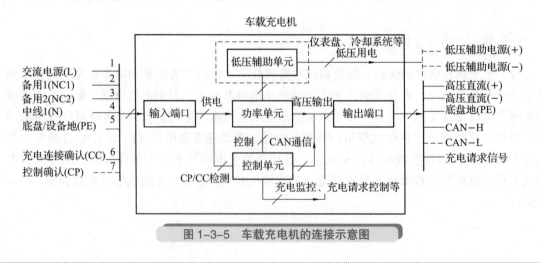

图 1-3-5 车载充电机的连接示意图

1. 输入接口

输入接口包括 7 个 pin 口，三类连接：包括高压电源连接、高压中性线；车辆底盘地；低压信号的充电连接确认和控制确认。标准的输入接口采用工频单相输入 220 V 电压。但如果功率需要，也可以启用两个备用 pin 口（pin 口 NC1、NC2），可以实现 380 V 输入。

2. 控制单元

采样输出电流和电压，经过处理后将实时值传递给 PID 控制回路，由控制器比较测量值与期望值之间的差距，再将调节要求传递给 PWM 回路（PWM 脉冲宽度调制技术），用脉冲宽度变化去控制高压回路中功率器件的开闭时间的长短，最终实现输出电流和电压尽量接近于主控系统要求的数值。

3. 低压辅助单元

低压辅助电源是一个标准低压电源，输出电压 12 V 或者 24 V，用于充电期间给电动汽车上的用电器供电，比如电池管理系统、热管理系统、汽车仪表等。

4. 功率单元

功率单元一般包括输入整流、逆变电路和输出整流三个部分，将输入的工频交流电转化成适合动力电池系统能够接受的适当电压的直流电。

5. 输出端口

输出端口包括低压辅助电源正负极两个 pin 口、高压充电回路正负极两个 pin 口、底盘地、通信线 CANH 和 CANL（还可以有 CAN 屏蔽）、充电请求信号线。其中，高压两个 pin 口与电池包相连；充电请求信号线用于充电机的输入端口与外部电源之间完成充电连接确认以后，通过"充电请求信号"线向车辆控制器发送充电请求信号，同时或延时一小段时间后，用低压辅助电源给整车供电。

三、车载充电机工作过程

1. 车载充电机输入

当使用车载充电机对电动汽车进行充电时，推荐使用图 1-3-6 所示的典型电路作为充电接口状态及车载充电机输出的判断装置。

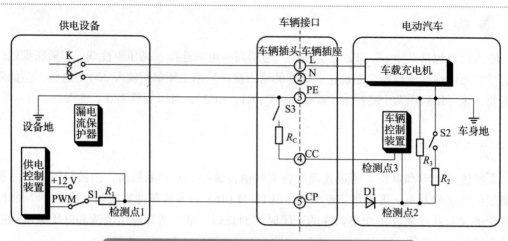

图 1-3-6 充电接口状态及车载充电机输出典型电路

工作过程如下：

（1）车辆插头与插座插合，使车辆处于不可行驶状态。

将车辆插头与车辆插座插合后，车辆的总体设计方案可以自动起动某种出发条件（如打开充电门、插头与插座连接或者对车辆的充电按钮、开关等进行功能触发设置），通过互锁或者其他控制措施使车辆处于不可行驶状态。

（2）确认车辆接口已完全连接。

电动汽车车辆控制装置通过测量图 1-3-6 中检测点 3 的电压值，判断车辆插头与车辆插座是否已完全连接。

（3）确认充电连接装置是否已完全连接。

在操作人员对供电设备完成充电起动设置后，如供电设备无故障并且供电接口已完全连接，则闭合 S1，供电控制装置发出 PWM 信号。电动汽车车辆控制装置通过测量图 1-3-6 中检测点 2 的 PWM 信号，判断充电连接装置是否已完全连接。

2. 车载充电机输出

车载充电机输出电路如图 1-3-7 所示。

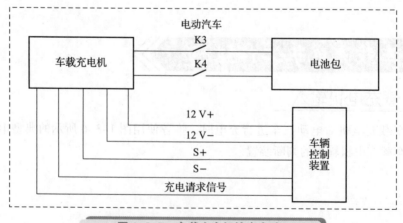

图 1-3-7 车载充电机输出电路

工作过程如下：

（1）车辆准备就绪。

在电动汽车和供电设备建立电气连接和车载充电机完成自检后并通过图1-3-6中检测点2的PWM信号确认充电额定电流值（根据充电装置的交流电特性）。车载充电机给电动车辆控制装置发送充电感应请求信号，同时或延时（例如100 ms）后给车辆控制装置供电。根据充电协议进行信息确认，若需充电则电动车辆控制装置发送需充电报文并控制充电接触器闭合，车载充电机按所需功率输出。

车辆控制装置通过判断图1-3-6中检测点2的PWM信号占空比确认供电设备当前能提供的最大充电电流值。车辆控制装置对供电设备、充电连接装置及车载充电机的额定输入电流值进行比较，将其最小值设定为车载充电机当前最大允许输入电流。当判断充电连接装置已完全连接，并完成车载充电机最大允许输入电流设置后，车辆控制装置控制图1-3-7中K3、K4闭合，车载充电机开始对电动汽车进行充电。

（2）充电过程的监测。

充电过程中，车辆控制装置可以对图1-3-6中检测点3的电压值PWM信号占空比进行监测，供电控制装置可以对图1-3-6中检测点1的电压值进行监测。

（3）充电系统的停止。

在充电过程中，当充电完成或者因为其他不满足充电条件时，车辆控制装置发出充电停止信号给车载充电机，车载充电机停止直流输出、CAN通信和低压辅助电源输出。

四、典型车载充电机拓扑

典型车载充电机的整体拓扑如图1-3-8所示，该结构前级选用了三相六开关PFC电路，提高功率因数同时为后级提供稳定在700 V的输入电压，后级选用全桥LLC谐振变换器用于输出280~400 V的宽范围电压，利用高频软开关技术降低开关损耗。

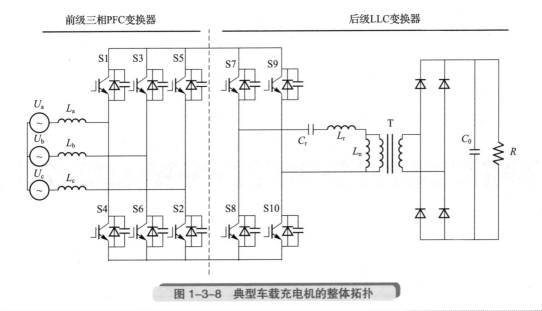

图1-3-8 典型车载充电机的整体拓扑

根据车载充电机的功能要求，选用了3个不同功能的芯片来实现不同的充电机功能，最终得到的充电机的主要功能结构，如图1-3-9所示。

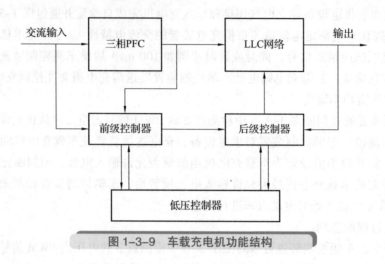

图1-3-9　车载充电机功能结构

五、车载充电机基本参数

1. 充电效率

车载充电机的直流输出功率与其交流输入有功功率比值的百分数称为充电效率。

2. 输出电压误差

车载充电机实际输出电压值和输出电压设定值之间的偏差与输出电压设定值比值的百分数。

3. 输出电流误差

车载充电机实际输出电流值和输出电流设定值之间的偏差与输出电流设定值比值的百分数。

4. 额定输入电压、额定输入电流

车载充电机额定输入电压和额定输入电流如表1-3-1所示。

表1-3-1　车载充电机额定输入电压和额定输入电流

额定输入电压/V	额定输入电流/A	额定频率/Hz
单项220	10	50
	16	
	32	

注：三项输入电压、电流为可扩展方式

5. 输出电压推荐值

推荐将车载充电机输出电压等级按照表 1-3-2 分为 6 级。

表 1-3-2　车载充电机输出电压

输出电压等级	输出电压范围 /V	标称输出电压推荐值 /V
1	24~65	48
2	55~120	72
3	100~250	144
4	240~420	336
5	300~570	384/480
6	400~750	640

拓展阅读

六、基于正负脉冲的车载充电机

根据最佳充电曲线设计了该类车载充电机，总体想法是在电池电量较低时，其对大电流的接受能力较强，就使用较大的充电电流；随着电量的增加，充电电流逐步减小。当电压达到设定值以后，改为脉冲充电，用短暂的反向脉冲达到去极化的目的。电池即将充满时，又转换到恒压充电方式，如图 1-3-10 所示。

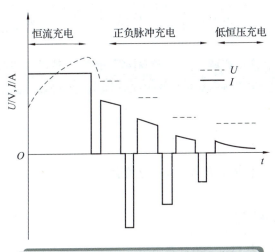

图 1-3-10　基于正负脉冲的车载充电机

充电截止的判断方式，采用同时考虑温度和电压两个因素，设定最大截止温度和电压负增长两个条件。

$$\begin{cases} T \geq T_{max} \\ \dfrac{\Delta u}{\Delta t} \leq 0 \end{cases} \quad 式（1-3-1）$$

式中　T——电池温度；

　　　T_{max}——电池充满电量时电池的最大温度；

　　　$\Delta u/\Delta t$——电压增量。

主电路如图 1-3-11 所示。

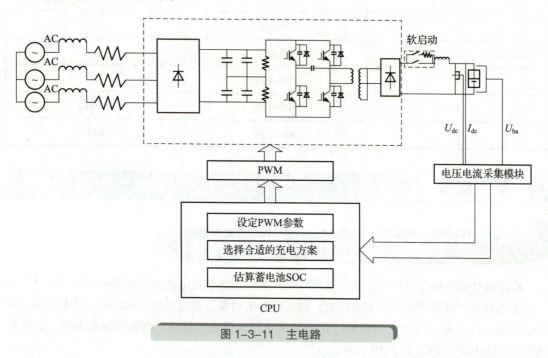

图 1-3-11　主电路

实践技能

七、比亚迪 e5 车载充电机数据流读取

1. 准备工作

（1）穿戴好工服。

（2）打开车门，安装地板垫、方向盘套、座椅套。

2. 静态数据流读取

（1）安装故障诊断仪，接口位于方向盘下方。

（2）踩下制动踏板，起动车辆。

（3）开启故障诊断仪。

（4）依次选择：新能源—比亚迪—e5—诊断—控制单元—动力模块—车载充电机，如图

1-3-12所示。

（5）选择读数据流，进行车载充电机的静态数据流读取。

（6）选择主要数据流读取，选择：输入侧交流电压、高压侧输入电压、交流侧频率、PWM波占空比、12 V输出电压，单击显示选择选项，读取数据流。静态数据流如图1-3-13所示。

数据流显示：交流侧输入电压为0 V，高压侧输出电压为677 V，即高压动力电池的电压为677 V。交流侧频率为50 Hz，PWM波占空比为0，12 V输出电压为13.9 V。

（7）退出诊断系统，关闭故障诊断仪并拔下诊断插头。

图1-3-12 打开故障诊断仪并依次选择

图1-3-13 静态数据流

3. 动态测试

（1）打开充电口前进气格栅，打开交流充电口内盖，连接交流充电枪对车辆进行充电，如图1-3-14所示。

图1-3-14 对车辆进行充电

（2）安装并开启故障诊断仪。

（3）依次选择：新能源—比亚迪—e5—诊断—控制单元—动力模块—车载充电机，如图1-3-12所示。

（4）选择读数据流，进行车载充电机的动态数据流读取。

（5）选择主要数据流读取，选择：输入侧交流电压、高压侧输入电压、交流侧频率、PWM 波占空比、12 V 输出电压、本次累计充电量、交流侧功率，单击显示选择选项，读取数据流。动态数据流如图 1-3-15 所示。

数据流显示：交流侧输入电压为 220 V，即对车辆充电时外部输入交流电压为 220 V。

高压侧输出电压为 681 V，即以 681 V 给动力电池进行充电；交流侧频率为 50 Hz；PWM 波占空比为 25%，充电时通过改变占空比来控制输出电压和输出频率；12 V 输出电压为 13.9 V；本次累计充电量为 0.592 A·h，交流充电线规格为 250 V，16 A；交流侧功率为 3 241 W。

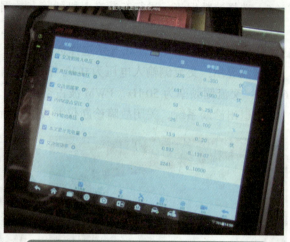

图 1-3-15　读取动态数据流

4. 复位工作

（1）退出诊断系统，关闭故障诊断仪并拔下诊断插头。
（2）按下交流充电枪按钮，拔下充电枪，关闭充电口内盖。
（3）关闭前进气栅格。
（4）整理充电枪并放入后备厢相应位置。
（5）取下三件套。

单元小结

（1）车载充电机是固定安装在电动汽车上，将公共电网的电能变换车载储能装置所要求的直流电，并给车载储能装置充电的装置。

（2）根据结构不同可以分为单向车载充电机、双向车载充电机、集成式车载充电机。单向车载充电机拓扑结构多样、控制简单。双向车载充电机拓扑简单，开关器件数目多，控制复杂，体积较大。集成式车载充电机利用了电动汽车自身驱动系统的功率电路部分，相对减小了体积和质量，但其性能受电动汽车功率电路限制。

（3）车载充电机由交流输入接口、功率单元、控制单元、直流输出接口等部分组成，充电过程中宜由车载充电机为电池管理系统（BMS）、充电接触器、仪表盘、冷却系统等提供低压用电电源。

任务4　DC-DC变换器的检查

DC-DC 变换器的检查

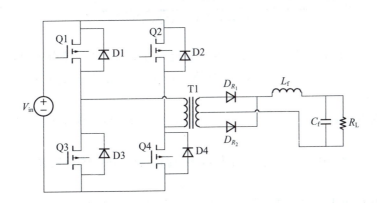

任务导入

小王买了一辆新的比亚迪 e5 电动汽车，低压蓄电池电压过低，怀疑 DC-DC 变换器故障，你知道如何进行测量吗？

学习目标

（1）能通过查阅相关维修技术资料等方式获取车辆信息。
（2）能根据充电要求制定正确的检查计划。
（3）能按照正确操作规范进行 DC-DC 变换器的检查。
（4）能按照要求整理现场。

理论知识

一、DC-DC 变换器的作用

DC-DC 变换器（DC-DC Converter）是指在直流电路中将一个电压值的电能变换为另一个

电压值的电能的装置。传统内燃机汽车上的电源系统由蓄电池和发电机组成，发电机由曲轴带动转动进行发电。发电机正常工作时可以给蓄电池进行充电。纯电动汽车没有内燃机，不能用发电机给低压蓄电池供电，同时，纯电动汽车上的信号系统、照明系统、电动车窗、电动雨刷等系统依然沿用了低压蓄电池 12 V 的供电模式。因此，蓄电池需要单独的系统进行充电。

纯电动汽车上至少带有两个电池，一个是作为全车能量输出的动力电池，一个是给低压系统供电的蓄电池，电压为 12 V 左右。DC-DC 变换器的作用就是将动力电池中的部分电能输出给低压蓄电池进行充电和供给低压用电设备使用，如图 1-4-1 所示。

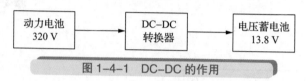

图 1-4-1 DC-DC 的作用

由图 1-4-1 可以看出，这种变换是由高压直流电转变为低压直流电（13.8 V），因此称为直流 - 直流变换（DC-DC），在电动汽车上实现这种变换功能的称为直流转直流变换器，简称为 DC-DC 变换器。

DC-DC 变换器的输入是一个已经经过滤波之后的直流电压，具体来说，DC-DC 变换器的作用有：

（1）隔离：实现噪声隔离（模拟电路与数字电路隔离、强弱信号隔离），安全隔离和接地环路消除；

（2）电压变换：包括升压变换\降压变换\交直流转换（AC-DC、DC-AC）\极性变换（正负极性转换、单电源与正负电源转换、单电源与多电源转换）。

（3）保护：短路保护、过压保护、欠压保护、过流保护、其他保护。

（4）稳压：交流供电\远程直流供电\分布式电源供电系统\电池供电。

二、DC-DC 变换器的分类

按照是否电气隔离可分为非隔离型 DC-DC 变换器和隔离型 DC-DC 变换器。

电气隔离就是将电源与用电回路做电气上的隔离，即将用电的分支电路与整个电气系统隔离，使之成为一个在电气上被隔离的、独立的不接地安全系统，以防止在裸露导体故障带电情况下发生间接触电危险。实现电气隔离以后，两个电路之间没有电气上的直接联系，即两个电路之间是相互绝缘的，同时还要保证两个电路维持能量传输的关系。电气隔离的作用主要是减少两个不同的电路之间的相互干扰，降低噪声。

1. 非隔离双向 DC-DC 变换器

非隔离双向 DC-DC 变换器结构比较简单，每个部件都是直接相连，没有额外的能量损失，工作效率比较高，对升压侧的电容要求比较高。主要的非隔离 DC-DC 变换器电路结构有双向半桥 boost-buck 电路、双向 buck-boost 电路、双向 buck 电路、双向 Zate-Sepic 电路，如图

1-4-2 所示。

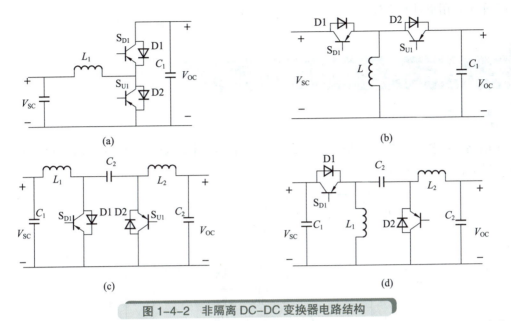

图 1-4-2　非隔离 DC-DC 变换器电路结构

（a）双向半桥 boost-buck 电路；（b）双向 buck-boost 电路；（c）双向 back 电路；（d）双向 Zate-Sepic 电路

2. 隔离型双向 DC-DC 变换器

在非隔离型双向 DC-DC 变换器的基础上加上一个高频变压器就构成了隔离型双向 DC-DC 变换器，高频变压器两侧的电路拓扑可以是全桥式、半桥式、推挽式等，如图 1-4-3 所示。

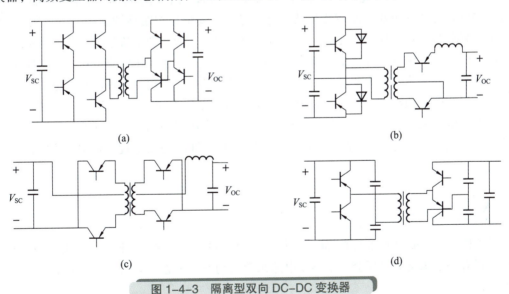

图 1-4-3　隔离型双向 DC-DC 变换器

（a）全桥式；（b）原边半桥式，次边推挽；（c）双推挽双向 DC-DC 转换器；（d）双半桥双向 DC-DC 转换器

这几种隔离型的双向 DC-DC 变换器，采用了更多的功率开关、电压变比大、带电气隔离等优点。但是这类 DC-DC 变换器结构复杂，成本也相对较高，转换器的损耗高，低频时会导

致隔离变压器铁芯饱和,损耗会进一步增加。因此,非隔离型双向 DC-DC 变换器比隔离型在电动汽车上运用更具有优势。

三、DC-DC 变换器的组成

1. 主电路

主电路又叫作功率模块,是整个 DC-DC 变换器的主体。典型的全桥型 DC-DC 变换器主电路拓扑如图 1-4-4 所示。

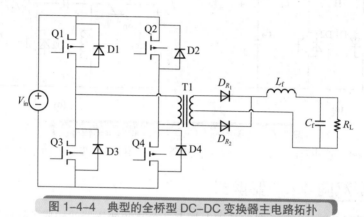

图 1-4-4 典型的全桥型 DC-DC 变换器主电路拓扑

图 1-4-4 中,V_{in} 为输入电压,需要通过 DC-DC 回路,在输出端得到一个需要的输出电压。原边开关电路将输入电流调制成矩形波,这个过程主要依靠控制器调制特定占空比的 PWM 波,用以驱动四个开关管按照既定的顺序和时间开闭,从而实现电流逆变过程。原边输入电压可以通过占空比调节,占空比增加输出电压也增加,占空比减小输出电压减小。频率则可以通过调节开关调节。T_1 为变压器,变压器既可以实现电气隔离,又可以起到电压调节的作用。一个固定的原边线圈匝数,副边改变匝数,即可得到不同的电压等级。变压器的输入,是经过左侧全桥电路逆变得到的脉冲矩形波,传递到变压器的副边,得到的是另一个电压幅值的交流正弦波。经过 D_{R_1} 和 D_{R_2} 整流以后,再经由 C_f 和 R_L 滤波处理,得到直流电,提供给输出端。

2. 驱动模块

对于控制芯片输出的四路 PWM 驱动信号来说,并不能直接驱动四个功率开关管。所以,一般来说开关电源是需要配套一个驱动电路来驱动功率开关管。驱动电路种类很多,主要由以下三种:

1)直接耦合型

控制芯片的每一路输出 PWM 驱动信号经由两个三极管组成的放大电路来驱动功率开关管。此种方法无法实现控制部分与主电路的隔离。

2）脉冲变压器耦合型驱动电路

此电路是在直接耦合型的基础上加上了一个脉冲变压器，实现了控制电路与主电路的隔离。但是这种结构的缺点是，涉及变压器的设计、制作等方面比较复杂。

3）驱动芯片的驱动电路

为了更加方便地来驱动功率开关管，很多公司研制出驱动芯片，驱动芯片可以输出较大的功率，驱动开关管，而且随着芯片的小型化发展，现在的驱动芯片体积非常小，有各种封装形式。利用驱动芯片对功率开关管驱动，这种方法比较简单，但是控制电路与主电路仍然没有实现隔离。

3. 控制模块

主电路的反馈主要有三种控制模式：电压控制模式、峰值电流控制模式、平均电流控制模式。

1）电压控制模式

属于电压反馈，利用输出电压进行校正，是单环反馈模式，输出电压采样与输入基准电压比较，得到的输出信号与一锯齿波电压比较，输出 PWM 波信号。电压控制模式设计和运用都比较简单，但是电压控制模式没有对输出电流进行控制，有一定的误差存在，并且输出电压先经过电感以及电容的滤波，使得动态响应比较差。

2）峰值电流控制模式

峰值电流控制模式与电压控制模式的区别在于，峰值电流控制模式中，把电压控制模式的那一路锯齿波形，转换成了电感的瞬时电流与一个小锯齿波的叠加。但是电感的瞬时电流并不能表示平均电流的情况。

3）平均电流控制模式

属于双环控制方式，电压环的输出信号作为基准电流与电感电流的反馈信号比较。设置误差放大器，可以平均化输入电流的一些高频分量，输出的经过平均化处理的电流，再与芯片产生的锯齿波进行比较，输出合适的 PWM 波形。

电感电流和电容电压因此需要对两个变量都要进行 PID 整定，典型的控制流程如图 1-4-5 所示。

控制模块是由两个 PID 控制器组成，分别是电压控制外环和电流控制内环，在流程图中给出一个参考电压，设计合理的参数，就可以很快速的达到控制系统的目的。

相比三种控制方式，平均电流的控制方式不限制占空比，对输出电压和电感电流均进行反馈，有比较好的控制效果。采用平均电流控制方式进行反馈电路的设计时，把电流环看作电压环的一部分。

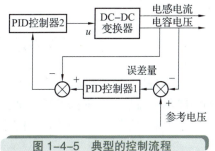

图 1-4-5 典型的控制流程

四、典型DC-DC变换器工作原理

纯电动汽车中的车身电气大多数采用了12 V供电,因此需要动力电池将高压直流电转化为13.8 V低压对车身电气供电,并对蓄电池进行充电。

1. DC-DC（降压）原理

DC-DC变换器是将原直流电通过调整其PWM（占空比）来控制输出的有效电压的大小,如图1-4-6所示。

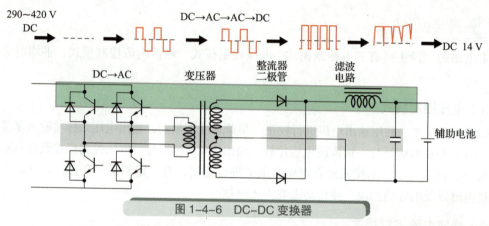

图1-4-6 DC-DC变换器

DC-DC功率变换器采用半桥电路拓扑,功率器件少,控制简单,可靠性高。采用MOSFET和IGBT并联技术,充分利用了MOSFET开关速度快和IGBT导通压降低的优点,如图1-4-7所示。

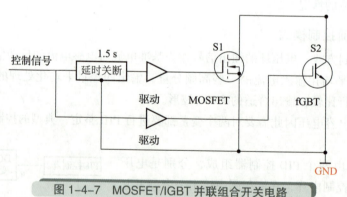

图1-4-7 MOSFET/IGBT并联组合开关电路

在电路上采取措施,使得MOSFET的关断时间比IGBT延迟一定的时间,大大减小了IGBT的电流拖尾,降低了开关通态损耗,提高了效率和可靠性,使得半桥电路的输出功率可以实现较大功率。其输出侧采用的整流方式有半波整流、中心抽头全波整流及全桥整流。

五、DC-DC 变换器的参数及命名

1. 效率

效率是 DC-DC 变换器的输出功率与其输入功率及附属设备（风扇、控制器等）消耗的功率之和的比值。DC-DC 变换器的输入功率用其输入端的电压和电流的测量值的乘积来计算，输入端电压应在其输入接线端子处（或接线电缆头部）量取。DC-DC 变换器的输出功率用其输出端的电压和电流的测量值的乘积来计算，输出端电压应在其输出接线端子处（或接线电缆头部）量取。附属设备（风扇、控制器等）消耗的功率另行计算。

2. 额定输出电压

在规定的环境条件、负载状态和温升限度下，DC-DC 变换器规定的输出工作电压值。

3. 标称输入电压

在规定的环境条件、负载状态和温升限度下，DC-DC 变换器输入电压的标称值。

4. 额定功率

在规定的环境条件、额定电压和连续工作情况下，DC-DC 变换器达到稳定温度后可输出的最大功率。

5. 峰值功率

在规定的环境条件下和规定的时间内，DC-DC 变换器可连续工作的最大功率。

6. 质量比功率

DC-DC 变换器额定功率与其总质量（包括附属系统）的比值，单位为 kW/kg。

7. 体积比功率

DC-DC 变换器额定功率与其总体积（包括附属系统）的比值，单位为 kW/L。

8. 动态响应时间

系统受到一个激励后，由一种稳定的工作状态变换到另一个稳定工作状态所经历的时间。

9. DC-DC 的电压分级和型号命名

1）电压等级

DC-DC 变换器的输入/输出电压可以按照 12 V 的整数倍数划分，例如 12 V、24 V、36 V、48 V、…、600 V。

2）型号命名

DC-DC 变换器的型号命名如图 1-4-8 所示。

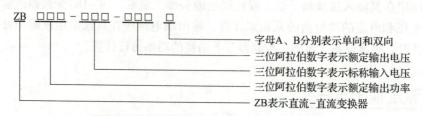

图 1-4-8　DC-DC 变换器的型号命名

例如：ZB006-240-024A，表示直流－直流电源变换器，额定输出功率为 6 kW，额定输入电压为 240 V，输出电压为 24 V，单向。

再如：ZB100-336-360B，表示直流－直流电源变换器，额定输出功率为 100 kW，额定输入（输出）电压为 336 V、额定输出（输入）电压为 360 V，双向。

拓展阅读

六、DC-DC 变换器拓扑

1. 双管正激变换器

双管正激变换器如图 1-4-9 所示，具有控制方式简单、高效率、高可靠性等优点。

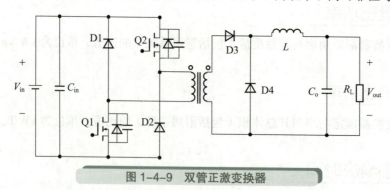

图 1-4-9　双管正激变换器

当开关 Q1、Q2 导通时，能量经由变压器相副边传递；当开关管 Q1、Q2 关断时，二极管 D1、D2 倍钳位在输入电压，因此与单管正激变换器相比，其电压应力小了一半多，从而可以选择较低耐压（通态电阻）的开关管。为了确保变压器能够可靠的实现磁复位，双管正激变换器的占空比不能超过 50%，因此限制了其在宽电压输入范围应用场合的运用。

2. 移相全桥变换器

其可以达到最大的输出功率，因而其适用于大功率的场合，但是由于其结构及其控制电路复杂导致其成本较高，可靠性相对较低。其结构如图 1-4-10 所示。

3. LLC 谐振变换

LLC 谐振电路具有开关损耗低、输入电压输出电压调节范围宽的优点，由于其谐振元件都集中到一个磁性元件上因而减小了变换器的体积。然而由于其参数众多，因而导致其工作过程复杂，调试难度大。其结构如图 1-4-11 所示。

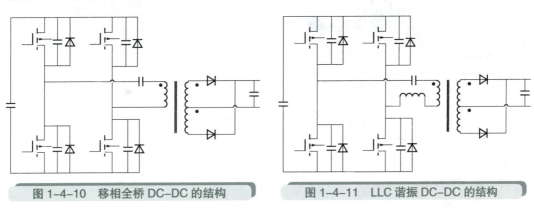

图 1-4-10　移相全桥 DC-DC 的结构　　　图 1-4-11　LLC 谐振 DC-DC 的结构

其他 DC-DC 电路：除上述移相全桥型和 LLC 谐振外，还有推挽式电路，其通态损耗较小，驱动简单，这适用于低电压、大电流的工作场合，全桥 DC-DC 电路适合一些大功率应用的场合，其他如有源钳位正激式电路等也在一些设计中有其应用。

实践技能 ➡

七、DC-DC 变换器的检查

（1）穿戴好工服、绝缘鞋。
（2）打开车门，安装好方向盘套、座椅套和地板垫。
（3）拉起前舱盖开启手柄，如图 1-4-12 所示。
（4）打开前舱盖。
（5）安装前格栅布、翼子板布。
（6）用万用表测量蓄电池电压，电压为

图 1-4-12　拉起前机舱盖开启手柄

12.53 V，如图1-4-13所示。

（7）举升车辆到车轮离开地面。

（8）踩下制动踏板。

（9）按下起动开关。

（10）打开大灯，等待1 min，确保DC-DC开始工作。

（11）用万用表测量DC-DC输出电压，电压为13.96 V，DC-DC工作正常，如图1-4-14所示。

图1-4-13　用万用表测量蓄电池电压

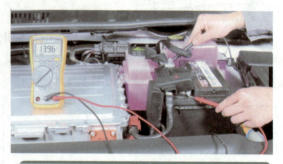

图1-4-14　用万用表测量DC-DC输出电压

（12）收起万用表，关闭大灯，关闭车辆电源，降下车辆。

（13）取下翼子板布格栅布。

（14）关闭前机舱盖。

（15）取下三件套。

（16）关闭车门。

单元小结

（1）DC-DC变换器（DC-DC Converter）是指在直流电路中将一个电压值的电能变换为另一个电压值的电能的装置。

（2）纯电动汽车上至少带有两个电池，一个是作为全车能量输出的动力电池，一个是给低压系统供电的蓄电池，电压为12 V左右。DC-DC变换器的作用就是将动力电池中的部分电能输出给低压蓄电池进行充电和供给低压用电设备使用。

（3）按照是否电气隔离可分为非隔离型DC-DC变换器和隔离型DC-DC变换器。

（4）DC-DC变换器的输出功率与其输入功率及附属设备（风扇、控制器等）消耗的功率之和的比值。

学习情境 2
动力电池的更换

【学习目标】

1. 能够正确规范的使用车间和个人防护用具;
2. 能正确使用万用表等工量具;
3. 能根据充电要求制定正确的更换维修计划;
4. 能按照正确操作规范进行动力电池的更换;
5. 能正确选择维修设备对动力电池进行更换;
6. 能根据环保要求正确处理废料和损坏的零部件。

学习情境2 动力电池的更换

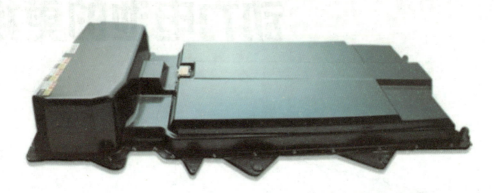

任务导入

小王买了一辆新的比亚迪e5电动汽车，经检查动力电池损坏，需进行动力电池的更换，你知道如何更换动力电池吗？

学习目标

（1）能通过查阅相关维修技术资料等方式获取车辆信息。
（2）能根据充电要求制定正确的维修计划。
（3）能按照正确操作规范进行动力电池的更换。
（4）能按照要求整理现场。

理论知识

一、动力电池的作用和分类

18世纪30年代电动汽车开始兴起，20世纪初电动汽车的销量一度占到了市场份额的

30%~50%。但是由于电动汽车本身续航和充电问题成为掣肘其发展的主要因素,同时燃油价格不断下调,而福特T型车的兴起使燃油车辆大行其道。

随着科技发展和环保要求,电动汽车现又开始焕发青春。掣肘电动汽车动力电池技术得到长足的发展,使得电动汽车大规模使用又成为可能。

电动汽车动力电池(以下简称动力电池)是电动汽车的动力源,是能量的储存装置,是为电动汽车日常行驶提供能量的唯一来源,是电动混合动力汽车的辅助能量来源,能够将电能输出转换为其他形式的能量,并驱动汽车行驶,如图2-1-1所示。它是电动汽车的核心部件之一,其性能好坏直接关系到电动汽车的动力性能、续航能力,也与电动汽车和电动混合动力汽车的安全性直接相关。

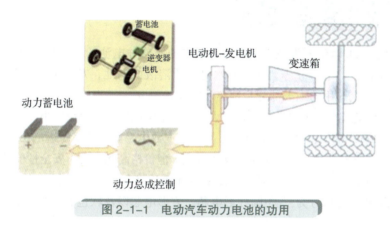

图2-1-1 电动汽车动力电池的功用

电动汽车动力电池从系统的角度可以分为化学电池、物理电池和生物电池三大类,如图2-1-2所示。

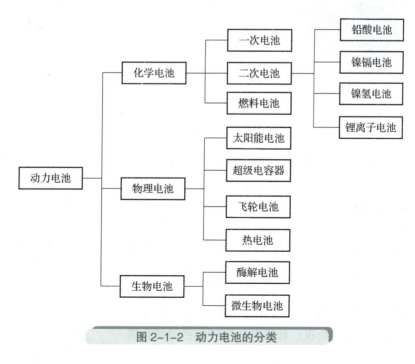

图2-1-2 动力电池的分类

化学电池即利用化学变化产生电能的装置,可以分为一次电池、二次电池和燃料电池三大类,其中,一次电池和二次电池可以统称为蓄电池。蓄电池适用于纯电动汽车,可以归类为铅酸蓄电池,镍基电池(镍-氢及镍-金属氢化物电池、镍-镉及镍-锌电池),钠基电池(钠-硫电池和钠-氯化镍电池),锂电池等类型。燃料电池专用于燃料电池电动汽车。

物理电池是利用光、热、物理吸附等物理能量发电的电池,如太阳能电池、超级电容器、飞轮电池等。这类电池技术不够成熟,应用较少。

生物电池是利用生物化学反应发电的电池,如微生物电池、酶电池、生物太阳电池等。

二、锂离子电池

锂离子电池是20世纪开发成功的新型高能电池。这种电池的负极是金属锂或锂合金,正极用MnO_2、$SOCL_2$、$(CFx)n$等,使用非水电解质溶液的电池,70年代进入实用化。目前市场上最热门的电动汽车用的绝大部分是锂离子电池。

锂离子电池性能比较高,电池能量密度大,平均输出电压高,自放电小,没有记忆效应,工作温度范围为-20℃~60℃,循环性能优越、可快速充放电、充电效率高达100%,而且输出功率大,使用寿命长,没有环境污染,被称为绿色电池。但价格高和高温下安全性能差,随着锂离子电池的正负极材料不断开发,技术不断成熟,锂离子电池将在电动汽车时代发挥主导作用。

根据外壳形式,可以分为三类:圆柱形电芯、方形电芯以及软包装系列,如图2-1-3所示。

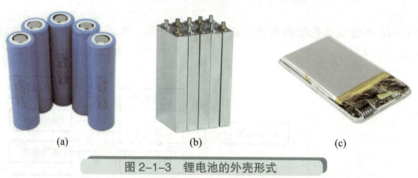

图2-1-3 锂电池的外壳形式
(a)圆柱形; (b)方形; (c)软包装

圆柱形如图2-1-3(a)所示,一般为18650封装,特斯拉MODEL S车型应用的是18650型封装的钴酸锂电池,所谓18650是指电池的直径为18 mm,长度为65 mm的圆柱形电池,如图2-1-4所示。

方形电芯也称为硬包装,如图2-1-3(b)所示,结构一般包括:电池上下盖、正极、隔膜、负极、有机电解液以及钢或铝电池壳组成。

软包装结构,如图2-1-3(c)所示,结构和硬包装类似,包括:正极、隔膜、负极、有机电解液以及铝塑复合膜电池壳。

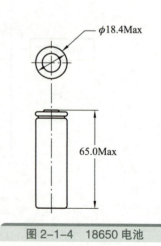

图2-1-4 18650电池

三种电芯封装形式的优缺点如表 2-1-1 所示。

表 2-1-1　三种电芯封装形式的优缺点

电池结构	圆柱形	方形	软包
优点	工艺成熟度高、生产效率高，过程控制严格，成品率级电芯一致性高，壳体结构成熟，工艺制造成本低	对电芯的保护作用高，可以通过减少单体电池的厚度保证内部热量的快速传导，电信的安全性能有较大的改善	外部结构对电芯的影响小，电芯性能优良，封装采用的材料质量要小，电池的能量密度最高
缺点	集流体上电流密度分布不均匀，造成内部各部分反应程度不一致；电信内部产生的热量很难得到快速释放，累积会造成电流的安全隐患	壳体在电芯总重中所占的比重较大，导致单体电池的能量密度较低，内部结构复杂，自动化工艺成熟度相对较低	大容量电池密封工艺难度增加，可靠性相对较差；所采用的铝塑复合封装膜机、机械强度低，铝塑复合膜的寿命制约了电池使用寿命

根据正极材料的不同，锂离子电池可以被分成许多种类，主流应用的有：钴酸锂电池、锰酸锂电池、磷酸铁锂电池及三元材料锂电池等。

1. 钴酸锂电池

钴酸锂电池结构稳定、容量比高、综合性能突出、电化学性能优越、加工性能优异、振实密度大、能量密度高，有助于提高电池体积比容量、产品性能稳定，一致性好，标称电压 3.7 V。钴酸锂电池如图 2-1-5 所示。

钴酸锂电池正极为钴酸锂聚合物，负极材料为石墨，钴酸锂电池的充放电特性如图 2-1-6 所示。

图 2-1-5　钴酸锂电池

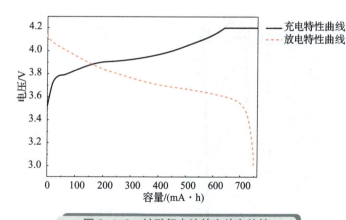

图 2-1-6　钴酸锂电池的充放电特性

由图 2-1-6 可以看出，钴酸锂电池充电时终止电压为 4.2 V，钴酸锂电池放电时，当电压在 3.6 V 以后会迅速下降，最小放电终止电压为 2.75 V 左右。

特斯拉 MODEL S 动力电池的电池单体采用容量约 2.2 A·h 的 18650 电池，有 69 节并联组成一组，9 组串联组成一层，由 11 层串联组成动力电池，动力电池的电压为 375 V 左右，电量为 53 kW·h，质量约为 450 kg，因此单体电池为 6 831 节，一般充电时间为 3~5 h。拆解后的特斯拉 MODEL S 动力电池如图 2-1-7 所示。

图 2-1-7　拆解后的特斯拉 MODEL S 动力电池

18650 钴酸锂电池也有其弱点：首先由 18650 钴酸锂电池组成的电池包，连同双电机和电控系统，至少占整车售价的 60%~70%，成本较高；其次安全性差、热稳定性差，遇到高温或者撞击会释放氧气及大量热。基于以上缺点，钴酸锂电池主要用于中小型号电芯，广泛应用于笔记本电脑、手机、MP3/4 等小型电子设备中，电动汽车中只有特斯拉采用该类型动力电池。

2. 锰酸锂电池

锰酸锂电池是指正极使用锰酸锂材料的电池，相比钴酸锂等传统正极材料，锰酸锂具有资源丰富、成本低、无污染、安全性能好等优点。锰酸锂正极采用尖晶石型锰酸锂和层状结构锰酸锂，一般为 $LiMn_2O_4$，负极为石墨。其标称电压达到 3.7 V，如图 2-1-8 所示。

锰酸锂电池的充放电曲线如图 2-1-9 所示。

图 2-1-8　锰酸锂电池

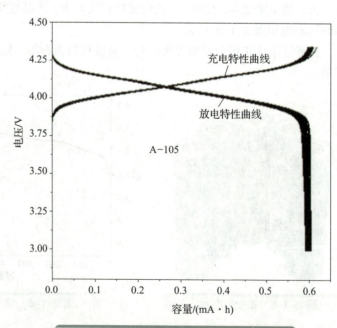

图 2-1-9　锰酸锂电池的充放电曲线

由图2-1-9所示，锰酸锂电池充电时曲线较为平缓，充电截止电压在4.2 V左右。放电时当电压低于3.6 V时会迅速下降，放电截止电压为2 V。

东风日产启辰晨风采用的电池技术是目前市场上使用最广泛的锰酸锂离子电池。该电动汽车动力电池包由192块电池单体构成，电池容量为24 kW·h，一般需要4 h左右充满电，续航里程达到175 km，总质量小于200 kg，安装在车身底盘的中部，该电池包如图2-1-10所示。

图2-1-10 启辰晨风锰酸锂动力电池包

锰酸锂电池材料本身并不太稳定，容易分解产生气体，因此多与其他材料混合使用，以降低电芯成本，但其循环寿命衰减较快，容易发生鼓胀，高温性能较差、寿命相对短，主要用于大中型号电芯。

3. 磷酸铁锂电池

磷酸铁锂电池是指用磷酸铁锂（$LiFePO_4$）作为正极材料的锂离子电池。标称电压为3.2 V，充电时终止电压为3.6 V，放电终止电压为2.0 V。

$LiFePO_4$作为电池的正极，由铝箔与电池正极连接，中间是聚合物的隔膜，它把正极与负极隔开，但是锂离子可以通过而电子不能通过，右边是由碳（石墨）组成的电池负极，由铜箔与电池的负极连接。电池的上下端之间是电池的电解质，电池由金属外壳密闭封装。

$LiFePO_4$电池在充电时，正极中的锂离子Li通过聚合物隔膜向负极迁移；在放电过程中，负极中的锂离子Li通过隔膜向正极迁移。锂离子电池就是因锂离子在充放电时来回迁移而命名的。

磷酸铁锂电池的充放电特性如图2-1-11所示。

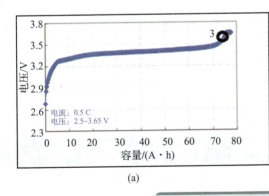
(a)

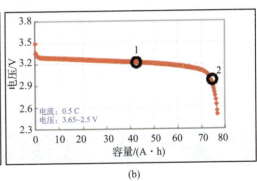
(b)

图2-1-11 磷酸铁锂电池的充放电特性
（a）磷酸铁锂电池充电特性；（b）磷酸铁锂电池放电特性

图2-1-11（a）所示为磷酸铁锂电池的充电特性，可以看出：如果2.6 V时开始充电，初期电压上升速度较快，迅速上升到3.3 V左右，随后慢慢增加，直到其充电终止电压3.6 V左右。

图2-1-11（b）所示为磷酸铁锂电池的放电特性，可以看出：如果3.5 V时开始放电，初期电压下降速度很快，迅速下降到3.3 V左右，随后慢慢下降，直到2.6 V左右。

相比较其他形式的锂电池，磷酸铁锂电池有以下优点：安全性能好，相比普通锂电池安全性有大幅改善；寿命长，循环寿命达到2 000次以上；高温性能好，热峰值可达350℃~500℃；工作温度范围宽广，为-20℃~+75℃；容量较大，相比普通电池（铅酸等）有更大的容量；无记忆效应，电池可随充随用；质量轻，同等规格容量的磷酸铁锂电池的体积是铅酸电池体积的2/3，质量是铅酸电池的1/3；环保。磷酸铁锂电池也有其缺点：例如低温性能差，正极材料振实密度小，等容量的磷酸铁锂电池的体积要大于钴酸锂等锂离子电池，即能量密度低，因此在微型电池方面不具有优势。而用于动力电池时，磷酸铁锂电池和其他电池一样，需要面对电池一致性问题。

4. 三元锂电池

三元锂电池具有容量高、成本低、安全性好等优异特性，其在小型锂电池中逐步占据一定的市场份额，并在动力锂电池领域具有良好的发展前景。

三元聚合物锂电池是指正极材料使用镍钴锰酸锂[Li（NiCoMn）O_2]三元正极材料的锂电池，是最近几年发展起来的新型锂电正极材料，三元复合正极材料产品，是以镍盐、钴盐、锰盐为原料，综合了钴酸锂、镍酸锂和锰酸锂三类材料的优点，存在三元协同效应，里面镍钴锰的比例可以根据实际需要调整，三元材料做正极的电池相对于钴酸锂电池安全性高。同时在循环稳定性、热稳定性和安全性能上也有提高。在新能源汽车对动力电池能量密度提升的背景下，三元材料作为高容量密度正极材料有望进一步拓展其市场份额。三元材料具有价格优势，成为最具潜力的替代钴酸锂的正极材料。

三元锂电池的充放电曲线如图2-1-12所示。

由图2-1-12可以看出，三元锂电池的充电截止电压在4.2 V左右，放电截止电压在2.5 V左右。三元锂电池单体电池标称电压为3.7 V。

相比以上四类锂电池的优缺点，如表2-1-2所示。

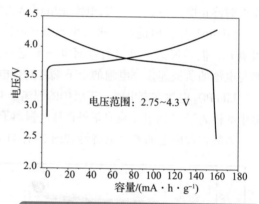

图2-1-12 三元锂电池的充放电曲线

表2-1-2 四类锂电池的对比

名称	钴酸锂电池	锰酸锂电池	磷酸铁锂电池	三元锂电池
标称电压/V	3.7	3.7	3.2	3.7
充电截止电压/V	4.2	4.2	3.6	4.2
放电截止电压/V	2.75	2	2	2.5
优点	结构稳定、容量比高、综合性能突出、电化学性能优越、加工性能优异、振实密度大、能量密度高	振实密度高、成本低	寿命长、充放电倍率大、安全性好、高温性好、元素无害、成本低	高低温、循环、存储及各项电性能都比较平均。体积比能量高，材料价格适中并且性能稳定

续表

名称	钴酸锂电池	锰酸锂电池	磷酸铁锂电池	三元锂电池
缺点	安全性差、成本高	耐高温性差，锰酸锂长时间使用后温度急剧升高，电池寿命衰减严重	能量密度低、振实密度低，低温使用性差	耐高温性差、寿命差、大功率放电差、元素有毒

三、锂电池的结构和工作原理

锂电池是指分别用两个能可逆地嵌入与脱嵌锂离子的化合物作为正负极构成的二次电池。电池充电时，阴极中锂原子电离成锂离子和电子，并且锂离子向阳极运动与电子合成锂原子。放电时，锂原子从石墨晶体内阳极表面电离成锂离子和电子，并在阴极处合成锂原子。所以，在该电池中锂永远以锂离子的形态出现，不会以金属锂的形态出现，所以这种电池叫作锂离子电池。

1. 锂电池的工作结构

锂离子电池主要由正负极、电解质、隔膜以及外壳构成，如图 2-1-13 所示。

1）正极

采用能吸藏锂离子的碳极，放电时，锂变成锂离子，脱离电池正极，到达锂离子电池阴极。

2）负极

材料则选择电位尽可能接近锂电位的可嵌入锂化合物，如各种碳材料包括天然石墨、合成石墨、碳纤维、中间相小球碳素等和金属氧化物。

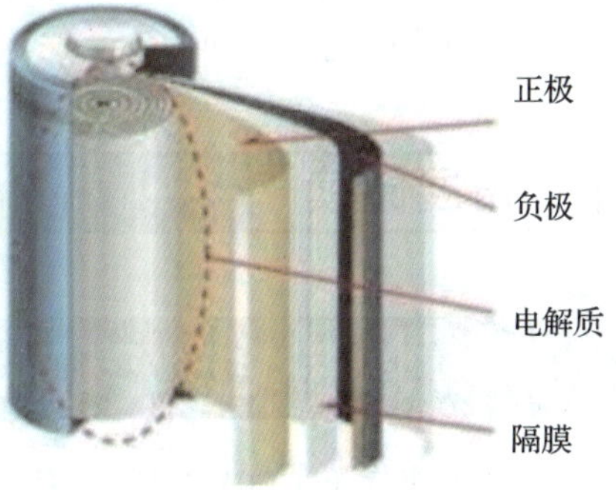

3）电解质

采用 $LiPF_6$ 的乙烯碳酸脂、丙烯碳酸脂和低黏度二乙基碳酸脂等烷基碳酸脂搭配的混合溶剂体系。

4）隔膜

采用聚烯微多孔膜如 PE、PP 或它们复合膜，尤其是 PP/PE/PP 三层隔膜不仅熔点较低，而且具有较高的抗穿刺强度，起到了热保险作用。

5）外壳

采用钢或铝材料，盖体组件具有防爆断电的功能。

图 2-1-13 锂电池的结构

2. 锂电池的工作原理

锂电池的工作原理就是指其充放电原理，如图 2-1-14 所示。

当对电池进行充电时，电池的正极上有锂离子生成，生成的锂离子经过电解液运动到负极。而作为负极的碳呈层状结构，它有很多微孔，到达负极的锂离子就嵌入到碳层的微孔中，嵌入的锂离子越多，充电容量越高。以钴酸锂电池为例，充电时发生的化学反应为

正极：$LiCoO_2 = Li_{1-x}CoO_2 + xLi^+ + xe^-$；

负极：$6C + xLi^+ + xe^- = Li_xC_6$。

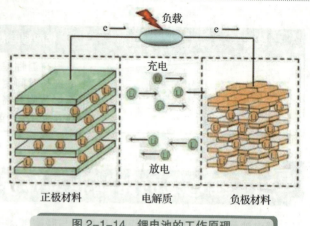

图 2-1-14　锂电池的工作原理

同样道理，当对电池进行放电时（即我们使用电池的过程），嵌在负极碳层中的锂离子脱出，又运动回到正极。回到正极的锂离子越多，放电容量越高。我们通常所说的电池容量指的就是放电容量。放电时的反应为

正极：$Li_{1-x}CoO_2 + xLi^+ + xe^- = LiCoO_2$；

负极：$Li_xC_6 = 6C + xLi^+ + xe^-$。

不难看出，在锂离子电池的充放电过程中，锂离子处于从正极 → 负极 → 正极的运动状态。如果我们把锂离子电池形象地比喻为一把摇椅，摇椅的两端为电池的两极，而锂离子就像优秀的运动健将，在摇椅的两端来回奔跑。所以，专家们又给了锂离子电池一个可爱的名字——摇椅式电池。

拓展阅读

四、燃料电池汽车

燃料电池汽车（FCV）是一种用车载燃料电池装置产生的电力作为动力的汽车。车载燃料电池装置所使用的燃料为高纯度氢气或含氢燃料经重整所得到的高含氢重整气。与通常的电动汽车比较，其动力方面的不同在于FCV用的电力来自车载燃料电池装置，电动汽车所用的电力来自由电网充电的蓄电池。因此，FCV的关键是燃料电池。

燃料电池是一种不燃烧燃料而直接以电化学反应方式将燃料的化学能转变为电能的高效发电装置。发电的基本原理是：电池的阳极（燃料极）输入氢气（燃料），氢分子（H_2）在阳极催化剂作用下被离解成为氢离子（H^+）和电子（e^-），H^+穿过燃料电池的电解质层向阴极（氧化极）方向运动，e^-因通不过电解质层而由一个外部电路流向阴极；在电池阴极输入氧气（O_2），氧气在阴极催化剂作用下离解成为氧原子（O），与通过外部电路流向阴极的e^-和燃料穿过电解质的H^+结合生成稳定结构的水（H_2O），完成电化学反应放出热量。这种电化学反应与氢气在氧气中发生的剧烈燃烧反应是完全不同的，只要阳极不断输入氢气，阴极不断输入氧气，电化学反应就会连续不断地进行下去，e^-就会不断通过外部电路流动形成电流，从而连续不断地向汽车提供电力。与传统的导电体切割磁力线的回转机械发电原理也完全不同，这种电化学反应属于一种没有物体运动就获得电力的静态发电方式。因而，燃料电池具有效率高、噪声

低、无污染物排出等优点,这确保了 FCV 成为真正意义上的高效、清洁汽车。

为满足汽车的使用要求,车用燃料电池还必须具有高比能量、低工作温度、起动快、无泄漏等特性,在众多类型的燃料电池中,质子交换膜燃料电池(PEMFC)完全具备这些特性,所以 FCV 所使用的燃料电池都是 PEMFC。

燃料电池汽车的工作原理是,作为燃料的氢在汽车搭载的燃料电池中,与大气中的氧气发生氧化还原化学反应,产生出电能来带动电动机工作,由电动机带动汽车中的机械传动结构,进而带动汽车的前桥(或后桥)等行走机械结构工作,从而驱动电动汽车前进。

其核心部件为燃料电池。燃料电池的反应结果会产生极少的二氧化碳和氮氧化物,副产品主要产生水,因此被称为绿色新型环保汽车。燃料电池汽车是电动汽车的一种,其核心部件是燃料电池。通过氢气和氧气的化学作用,而不是经过燃烧,直接变成电能动力。

燃料电池汽车的氢燃料能通过几种途径得到。有些车辆直接携带着纯氢燃料,另外一些车辆有可能装有燃料重整器,能将烃类燃料转化为富氢气体。单个的燃料电池必须结合成燃料电池组,以便获得必需的动力,满足车辆使用的要求。

实践技能

五、动力电池的更换

1. 准备工作

(1)穿戴好工服、绝缘鞋。
(2)打开车门,安装地板垫、方向盘套、座椅套。
(3)拉起前舱盖开启手柄,打开前舱盖,安装翼子板布、格栅布。

2. 放水操作

(1)打开动力电池冷却液水桶盖。
(2)举升车辆。
(3)拔下冷却液进水口接头进行放水,如图 2-1-15 所示。
(4)拔下冷却液出水口接头进行放水,如图 2-1-16 所示。

图 2-1-15 进水口放水

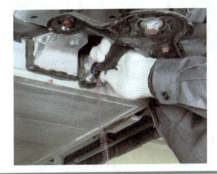

图 2-1-16 出水口放水

3. 拆卸动力电池

（1）佩戴绝缘手套。
（2）拆下电池信息采样通信线插接件，如图 2-1-17 所示。
（3）拆下动力电池直流母线插接件，如图 2-1-18 所示。

图 2-1-17　拆下电池信息采样通信线插接件

图 2-1-18　拆下动力电池直流母线插接件

（4）将动力电池举升平台推至车下部。
（5）对准动力电池中间部位。
（6）锁住举升平台脚轮。
（7）升起举升平台直至接近动力电池。
（8）再次检查举升平台是否对齐动力电池中间部位。
（9）举升该平台直到轻轻托起动力电池，如图 2-1-19 所示。
（10）使用 M18 的套筒卸掉周边 10 个固定螺栓。
（11）降下举升平台。
（12）卸下动力电池包，如图 2-1-20 所示。

图 2-1-19　轻轻托起动力电池

图 2-1-20　卸下动力电池包

4. 安装动力电池

（1）将新的动力电池包放到举升设备上推至车体正下方。
（2）锁住举升平台脚轮。
（3）升起举升平台。

（4）检查螺栓孔是否对齐，如图 2-1-21 所示。

（5）如果不能对齐，则微调举升平台直至螺栓孔正好对齐。

（6）安装固定螺栓，力矩为 135 N·m。

（7）佩戴绝缘手套。

（8）安装动力电池直流母线插接件。

（9）安装电池信息采样通信线插接件。

（10）降下举升平台。

（11）松开脚轮并将举升平台推出。

（12）安装进出水管接头。

（13）降下车辆。

（14）往动力电池冷却水桶加注冷却水至合适的液面高度。

（15）上电，起动车辆。

（16）保持一段时间后检查液面高度是否下降。

（17）如下降则补充冷却水至合理高度。

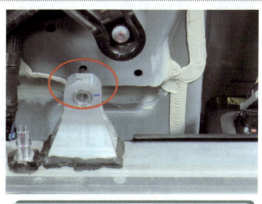

图 2-1-21 检查螺栓孔是否对齐

5. 恢复现场

（1）取下三件套。

（2）取下翼子板布、格栅布。

（3）关闭前机舱盖。

（4）打开车门，取下方向盘套、座椅套、地板垫。

（5）关闭车门。

单元小结

（1）电动汽车动力电池（以下简称动力电池）是电动汽车的动力源，是能量的储存装置，是为电动汽车日常行驶提供能量的唯一来源，是电动混合动力汽车的辅助能量来源，能够将电能输出转换为其他形式的能量，并驱动汽车行驶。

（2）化学电池即利用化学变化产生电能的装置。可以分为一次电池、二次电池和燃料电池三大类，其中，一次电池和二次电池可以统称为蓄电池。

（3）根据正极材料的不同，锂离子电池可以被分成许多种类，主流应用的有：钴酸锂电池、锰酸锂电池、磷酸铁锂电池及三元材料锂电池等。

学习情境2　动力电池的更换

动力电池内部认知

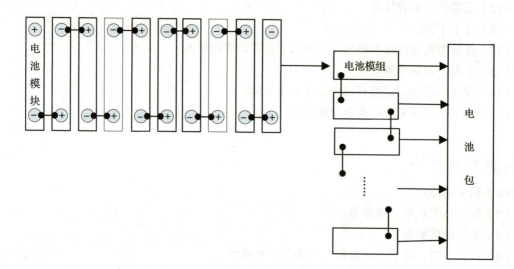

任务导入

小王在某4S店工作，今天接了一辆车，师傅告知小王需要更换动力电池包，你知道如何安全、规范的进行动力电池的更换吗？

学习目标

（1）能通过与客户交流、查阅相关维修技术资料等方式获取车辆信息。
（2）能根据客户要求制定正确的维修计划。
（3）能正确选择维修设备对动力电池进行更换。
（4）能根据环保要求，正确处理对环境和人体有害的废料及损坏的零部件。

理论知识

动力电池系统是EV车动力能源，它为整车驱动和其他用电器提供电能。动力电池主要由两大部分组成，即电池管理系统和电池本体部分。其中电池管理系统相当于动力电池的神经中枢，主要对电池状态进行检测、对电池电量等进行管理，主要包括电池信息采集器、电池采样线等。电池本体部分主要由动力电池模组、动力电池箱体及其他辅助器件等部分组成，如图 2-2-1 所示。

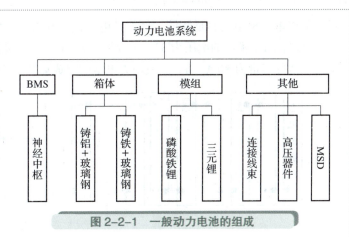

图 2-2-1　一般动力电池的组成

一、动力电池模组

电动汽车动力电池也称为电池包，是由很多个单体电池封装在一起形成的。由于单体电池数量庞大，因此需要有效、合理的封装形式，通过串联、并联等形式来提高电压或增加容量。在电池内部，一定数量的单体电池组成一个电池模块，单体电池之间的连接方式有并联（Parallel connection）和串联（Series connection）两类，因此并联简写为 P，串联简写为 S。并联的目的是增加电池模块的容量，而电压不变。一定数量的电池模块通过串联组成一个电池模组，串联的目的是提高模块的电压。

比亚迪 e5 动力电池输出电压为 650 V 左右，容量为 65 A·h，额定容量为 42.5 kW·h。该电池由 13 个电池模组串联组成。

1. 单体电池

单体电池指构成动力电池模块的最小单元，一般由正极、负极、电解质及外壳等构成，可实现电能与化学能之间的直接转换。磷酸铁锂单体电池电压为 3.2 V 左右，三元锂单体电池电压为 3.75 V 左右。单体电池的并联可以提高容量，单体电池的串联可以提高电压。

2. 电池模块

为了提高容量，将多个单体电池进行并联就得到了电池模块。电池模块是单体电池在物理结构和电路上连接起来的最小分组，其电压与单体电池电压相同，其容量为单体电池容量与并联的单体电池数量的乘积。

3. 电池模组

电池模组指多个电池模块（或单体电池）串联组成的一个组合体模组。电池模组是组成动力电池的分组，其电压为电池模块的电压与串联在一起的电池模块数量的乘积，其容量与电池模块的容量相等。

4. 动力电池

有多个电池模组串联组成动力电池。动力电池的电压等于串联的所有电池模组的和，其容量与单格电池模组的容量相同。例如某电动汽车动力电池由 10 个电池模组串联组成了一个动力电池包，每个模组的电压为 32 V，容量为 80 A·h，因此动力电池的电压为 32 V×10=320 V，动力电池的容量为 80 A·h。一般动力电池的组成如图 2-2-2 所示。

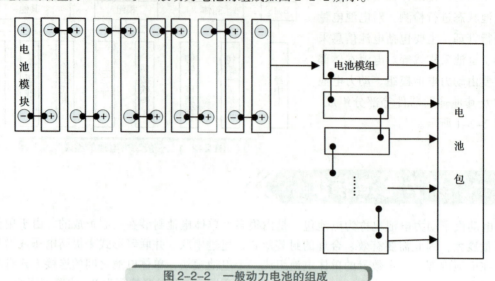

图 2-2-2　一般动力电池的组成

二、动力电池管理系统

　　电池管理系统（BMS）作为电动汽车稳定高效运行的保证，在电动汽车的发展中起着关键作用。电池管理系统是电池保护和管理的核心部件，在动力电池系统中，它的作用就相当于人的大脑。它不仅要保证电池安全可靠的使用，而且要充分发挥电池的能力和延长使用寿命，作为电池和整车控制器以及驾驶员沟通的桥梁，通过控制接触器控制动力电池组的充放电，并向 VCU 上报动力电池系统的基本参数及故障信息。电动汽车电池管理系统是汽车动力电池和电动汽车之间的重要纽带，主要功能包括：监测单体电池的电压；控制单体电池充放电均衡；观测电池充放电电流和温度；估算电池的 SOC；与整车监控系统、车载充电机进行实时总线通信；协调控制和优化电动汽车的电量分配等。电池管理系统如图 2-2-3 中圈内所示。

　　电池管理系统有相应的硬件和软件，按功能分为数据采集单元和控制单元；BMS 的硬件有温度、电压、电流传感器、绝缘监测电路、各类保险及接触器等。EV200 电动汽车 BMS 如图 2-2-4 所示。

图 2-2-3　电池管理系统

图 2-2-4　EV200 电动汽车 BMS

软件部分用来监测和计算电池的电压、电流、SOC值、绝缘电阻值、温度值,通过与VCU、充电机的通信来控制动力电池系统的充放电。

三、动力电池箱体及辅助器件

动力电池箱主要起到保护动力电池的作用,因此要求箱体要坚固、防水。箱体可以分为上箱体和下箱体。上箱体一般不会受到冲击,并且为了减轻质量采用玻璃钢材质。下箱体在整车的下部,防止遇到路面磕碰等情况而伤害动力电池,因此采用铸铁材质。上下箱体之间为了实现密封,有定位装置进行定位,并通过硅酮胶进行密封。某电动汽车下箱体采用铸铁,上箱体采用玻璃钢材质,如图2-2-5所示。

辅助器件主要包括动力电池系统内部的电子电气元件以及接口,如熔断器、继电器、分流器、接插件、烟雾传感器等,维修开关以及电子电气元件以外的辅助器件,如密封条、绝缘材料等。EV200电动汽车的维修开关(MSD)如图2-2-6所示。

图2-2-5 电动汽车动力电池外观

图2-2-6 EV200电动汽车维修开关(MSD)

四、比亚迪e5动力电池

比亚迪e5动力电池由模组、电池信息采集器、串联线、托盘、密封罩、电池采样线组成。额定总电压为653.4 V,总电量为42.47 kW·h。比亚迪e5动力电池如图2-2-7所示。

该动力电池下箱体采用铝合金材料,上箱体采用防火塑料,二者之间采用硅酮胶粘接一起。打开动力电池上箱体后,电池内部有玻璃纤维材料的保温棉。

动力电池各个模组如图2-2-8所示。

图2-2-7 比亚迪e5动力电池

图2-2-8 动力电池各个模组

图 2-2-8 中蛇形管路为冷却水管，当动力电池温度较低或较高时，通过冷却水循环保持电池工作在一定温度范围。

五、动力电池参数

电动汽车用动力电池基本性能指标主要有：电压、容量、内阻、功率、标称功率、自放电率等。

1. 基本性能指标

1）电压

工作电压：电池在一定负载条件下实际的放电电压，如铅酸蓄电池的工作电压为 1.8~2 V，镍氢电池的工作电压为 1.1~1.5 V，锂离子电池的工作电压为 2.75~3.6 V。

额定电压：电池工作时公认的标准电压，如镍镉电池额定电压为 1.2 V，铅酸蓄电池的额定电压为 2 V。

放电终止电压：放电终止时的电压值，通常与负载、使用要求有关。

充电电压：外电路直流电压对电池充电的电压。一般，充电电压要大于开路电压，如镍镉电池的充电电压：1.45~1.5 V，锂离子电池的充电电压：4.1~4.2 V，铅酸蓄电池的充电电压：2.25~2.7 V。

2）容量

容量是指在充电以后，在一定放电条件下所能释放出的电量，其单位为 A·h，容量与放电电流大小有关，与充放电截止电压有关。一般应用额定容量和实际容量。

理论容量：根据参加电化学反应的活性物质电化学当量数计算得到的电量。

额定容量：是指设计与制造电池时，按照国家或相关部门颁布的标准，保证电池在一定的放电条件下能够放出的最低限度的电量。

实际容量：是指电池在一定的放电条件下实际放出的电量。它等于放电电流与放电时间的乘积。

3）内阻

电池的内阻是指电池在工作时，电流流过电池内部所受到的阻力，内阻主要由电极材料、电解液、隔膜电阻及各部分零件的接触电阻组成，与电池的尺寸、结构、装配等有关。

4）功率和标称功率

电池的功率是指电池在一定放电制度下，单位时间内输出的能量，单位为 kW。

标称功率也叫标称输出功率，它是指在用电设备正常使用前提下，能够长时间工作输出功率的最大值。

5）自放电率与存储性能

对所有化学电源，即使在与外界电路无任何接触的条件下开路放置，其容量也会自然衰

减,这种现象称为自放电。电池自放电的大小用自放电率衡量,通常以单位时间内容量减少的百分比表示:

自放电率=(储存前电池容量—储存后电池容量)/储存前电池容量×100%

2. 其他性能指标

除此之外,电动汽车电池的性能指标还有比能量(E)、能量密度(E_d)、比功率(P)、循环寿命(L)和成本(C)等。要使电动汽车能与燃油汽车相竞争,关键就是要开发出比能量高、比功率大、使用寿命长、续航里程大的高效电池。

1)比能量(E)

电池的比能量有两种:一种叫质量比能量,用瓦时/千克(W·h/kg)表示;另一种叫体积比能量,用瓦时/升(W·h/L)表示。比能量的物理意义是电池为单位质量或单位体积时所具有的有效电能量。它是比较电池性能优劣的重要指标。

必须指出,单体电池和电池组的比能量是不一样的。由于电池组合时总要有连接条、外部容器和内包装层等,故电池组的比能量总是小于单体电池的比能量。

2)能量密度(E_d)

能量密度是指在一定的空间或质量物质中储存能量的大小。动力电池能量密度越大,储存同样多的能量时自身体积越小。

3)比功率(P)

电池的单位质量或单位体积的功率称为电池的比功率,它的单位是瓦/千克(W/kg)或瓦/升(W/L)。如果一个电池的比功率较大,则表明在单位时间内,单位质量或单位体积中给出的能量较多,即表示此电池能用较大的电流放电。因此,电池的比功率也是评价电池性能优劣的重要指标之一。

4)循环寿命(L)

循环寿命也称为充放电循环寿命,是衡量电池性能的一个重要参数。经受一次充电和放电,称为一次循环(或一个周期)。在一定的充放电制度下,电池容量降至某一规定值之前,电池能耐受的充放电次数,称为二次电池的充放电循环寿命。充放电循环寿命越长,电池的性能越好。

5)放电率和放电深度

放电率是指放电时的速率,常用"时率"和"倍率"表示。时率是指以放电时间表示的放电速率,即以一定的放电电流放完额定容量所需的时间。倍率是指电池在规定时间内放出额定容量所输出的电流值,数值上等于额定容量的倍数。

放电深度(Depth of Discharge,DOD)表示放电程度的一种量度,它是放电容量与总放电容量的百分比。

6)荷电状态

荷电状态(State of Charge,SOC),是指剩余电量与额定容量或实际容量的比例。这一参数是在电动汽车使用中十分关键却不易获取的数据。

3. 电动汽车动力电池基本要求

作为电动汽车的主要能量来源,电动汽车动力电池需要满足以下基本要求:

(1)能量密度大,比能量高。

电池单位质量或单位体积所能输出的电能,单位分别是 W·h/kg 或 W·h/L。比能量越高,电动汽车的续航里程就越大,为了提高电动汽车的续航里程,要求电动汽车动力电池的比能量要大。

(2)功率密度大,比功率高。

电动汽车行驶过程中在加速工况或大负荷工况时,要求驱动电动机有较大的扭矩输出,大扭矩的获得需要有较大的驱动电流来驱动电动机转动,这就要求动力电池有足够的电流输出能力,从而满足电动汽车的加速行驶和具有一定的负载能力。

(3)充放电效率高,循环寿命长。

充电时,电动汽车动力电池需要外部或内部进行电能的补充,将电能转化为化学能储存起来;放电时,动力电池将自身的化学能转化为电能储存在电池内。为了能量有效的利用,因此需要较高的充放电效率。

动力电池需要不停的充放电,这就要求其具有较长的循环寿命。

(4)相对稳定性好。

动力电池在工作中能够稳定的工作,理想的动力电池应不随剩余电量的变化而发生输出电压或输出电流的变化。

(5)成本低,使用寿命长

从电动汽车的成本构成看,电池驱动系统占据了新能源汽车成本的 30%~50%,降低动力电池的成本就意味着电动汽车成本随之降低,同时,较长时间的使用寿命就意味着较低的用车成本。

(6)安全性好,适应车辆运行环境。

动力电池一般安装在车底或车侧面,在工作中其安全性对驾驶员和乘客的生命有着重要的意义,另外车在运行中的颠簸、道路环境的恶化等也对动力电池的安全有较高的要求。

总体看,提高功率密度、能量密度、使用寿命以及降低成本一直是电动汽车动力电池技术研发的核心。

拓展阅读

六、动力电池充放电特性

1. 充电

目前锂电池充电主要是限压限流法,初期恒流(CC)充电,电池接受能力最强,主要为吸热反应,但温度过低时,材料活性降低,可能提前进入恒流阶段,因此在北方冬天低温时,充电前把电池预热可以改善充电效果。随着充电过程不断进行，极化作用加强，温升加剧，伴随析气，电极过电位增高，电压上升，当荷电达到70%~80%时，电压达到最高充电限制电压，转入恒压（CV）阶段。

2. 过充电

上述过程考虑电池组总电压或平均电压控制，其实总有单体电压较高者，相对组内其他电池已经进入过充电阶段。过充电时，若在恒流阶段发生，由于电流强度大，电压、温升、内压持续升高，以 4 V 锂电池为例，电压达到 4.5 V 时，温升 40℃、塑料壳体变硬，4.6 V 时温升可达 60℃、壳体形变明显并不可恢复，若继续过充，气阀打开、温升继续升高、不可逆反应加剧。

3. 放电

恒流放电时，电压有一陡然跌落，主要由欧姆电阻造成压降，这电阻包括连接单体电极的导线电阻和触点电阻，电压继续下降，经过一段时间以后，到达新的电化学平衡，进入放电平台期，电压变化不明显，放热反应加电阻释热使电池温升较高。

上述过程用恒流特性模拟负载电动机，实际汽车在行驶中，电动机输出功率的变化很复杂，电流双极性变化，即使匀速行驶、路面颠簸、微小转向都使输出功率实时变化，在短时间段里，可以用恒流放电模拟分析，总之大的方向是放电，偶尔有不规则的零脉冲（无逆变功能）或负脉冲（有逆变功能，电池被充电）出现。

4. 过放电

考虑组内单体电池，必有相对的过放电情况。在放电后期，电压接近马尾曲线，组中单体容量正态分布，电压分布很复杂，容量最小的单体电压跌落得也就最早、最快，若这时其他电池电压降低不是很明显，小容量单体电压跌落情况被掩盖，已经被过度放电。

实践技能

七、比亚迪 e5 动力电池内部认知

1. 准备工作

穿戴好工服、绝缘鞋。

2. 电池认知

（1）比亚迪 e5 动力电池，包含上盖和下箱体，上盖与下箱体胶封在一起。
（2）直流母线接口包含正极和负极两个端子，如图 2-2-9 所示。

（3）直流母线正负端子之间有高压互锁端子，如图2-2-10所示。

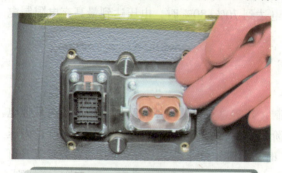

图2-2-9　直流母线接口

图2-2-10　高压互锁端子

（4）低压通信接口用来和外部进行通信，如图2-2-11所示。

（5）动力电池上部中间橙色部位为维修开关，如图2-2-12所示。

图2-2-11　低压通信接口

图2-2-12　维修开关

（6）拔下维修开关，打开动力电池上盖，可以看到隔热棉，如图2-2-13所示。

（7）分块取下隔热棉后，可以看到主接触器盒，两侧分别连接了正极汇流排和负极汇流排，如图2-2-14所示。

图2-2-13　隔热棉

图2-2-14　主接触器盒和汇流排

（8）动力电池前端有冷却液进水口和冷却液出水口，如图2-2-15所示。

（9）动力电池前端有通信转换模块，位于低压通信接口侧面，如图2-2-16所示。

图2-2-15 动力电池的冷却液进出水口

图2-2-16 通信转换模块

（10）电池内部有13个动力电池模组，他们之间通过串联方式连接，正极汇流排连接7号电池模组，7号电池模组负极连接1号电池模组正极，1号电池模组负极连接12号电池模组正极，各个电池模组依次连接，3号模组串接维修开关后和2号模组相连，最后11号电池模组负极连接负极汇流排，如图2-2-17所示。

（11）电池内部有动力电池冷却管路，冷却水从进水口流入，对各个电池进行冷却后，通过出水口流出，冷却水管路如图2-2-18所示。

图2-2-17 电池模组

图2-2-18 冷却水管路

（12）动力电池内部有模组信息采集插接器，各个动力电池的电压、温度、绝缘等信号通过这些数据采集线进入动力电池信息采集盒，其插接器如图2-2-19所示。

（13）动力电池内部有信息采集盒，采集盒通过总线连接通信转换模块，信息采集盒如图2-2-20所示。

图2-2-19 模组采集插接器

图2-2-20 信息采集盒

（14）维修开关上有互锁电路，如图2-2-21所示。

（15）插上维修开关，用万用表测量正负极汇流排之间的电压为635.9 V。测量12号电池模组的电压为 37.82 V，如图 2-2-22 所示。12 号模组电压与其形状相同的其他四个模组电压相同。

图 2-2-21　维修开关上的互锁电路

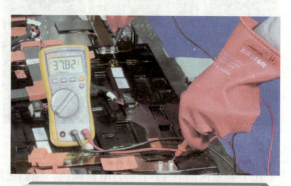

图 2-2-22　12 号模组的电压

（16）用万用表测量 7 号电池模组的电压为 56.78 V，如图 2-2-23 所示。
7 号模组与后面 7 个形状相同模组的电压相同。

（17）用万用表测量 3 号电池模组电压为 30.29 V，如图 2-2-24 所示。

图 2-2-23　7 号电池模组的电压

图 2-2-24　3 号电池模组的电压

动力电池电压为上述 13 个电压串联而成，因此总电压为 635.9 V。

单元小结

（1）电动汽车动力电池也称为电池包，是由很多个单体电池封装在一起形成的。由于单体电池数量庞大，因此需要有效、合理的封装形式，通过串联、并联等形式来提高电压或增加容量。

（2）电池管理系统（BMS）是电池保护和管理的核心部件，在动力电池系统中，它的作用就相当于人的大脑。它不仅要保证电池安全可靠的使用，而且要充分发挥电池的能力和延长使用寿命，作为电池和整车控制器以及驾驶员沟通的桥梁，通过控制接触器控制动力电池组的充放电，并向 VCU 上报动力电池系统的基本参数及故障信息。

（3）电动汽车用动力电池基本性能指标主要有：电压、容量、内阻、功率、输出功率、自放电率等。

学习情境 3
动力电池的检测

【学习目标】

1. 能够正确规范的使用车间和个人防护用具；
2. 能正确使用万用表等工量具；
3. 能根据维修要求制定正确的更换计划；
4. 能按照正确操作规范进行电池管理器的更换；
5. 能按照正确操作规范进行动力电池的信息读取；
6. 能按照正确操作规范进行电池热管理控制器的更换。

学习情境 3　动力电池的检测

电池管理系统认知

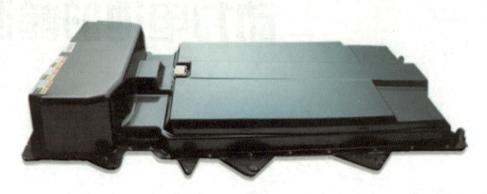

任务导入

小王买了一辆比亚迪 e5 电动汽车，需要对电池管理器进行更换，你知道如何安全规范的进行更换吗？

学习目标

（1）能通过查阅相关维修技术资料等方式获取车辆信息。
（2）能根据充电要求制定正确的更换计划。
（3）能按照正确操作规范进行电池管理器的更换。
（4）能按照要求整理现场。

理论知识

一、电池管理系统的作用

电池管理系统是为了合理的控制电池给汽车提供动力的中间环节，也是电动汽车安全行驶的必要条件。其主要功能是管理以及监控电池组工作状态。主要由以下部分组成，分别是：电池状态监控、电池均衡管控、电池剩余电量的估计、安全管理以及温度控制等。其系统框图如图 3-1-1 所示。

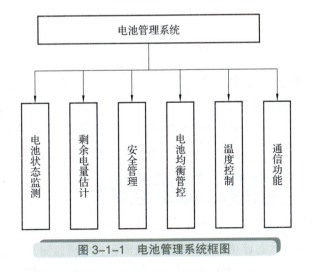

图 3-1-1　电池管理系统框图

1. 电池状态监控

电池状态监控主要功能是实时监测电池电流、电压和温度等信息。电流监测主要实现对电池组整体电流的采集，并实时上传数据；电压监测包括两个部分电压，电池组整体电压和单体电压检测，然后实时上传数据；同样温度监测是对电池组和整个系统进行检测，并实时上传数据；总而言之，电池工作状态监控是整个系统正常运行必不可少的功能。

2. 电池均衡管控

电池均衡管控是 BMS 关键技术的组成部分。由多个不同的电池构成电池组不仅降低电池的寿命，而且会导致整个电池组的放电效率大大降低，为了消除这些弊端就必须消除或避免电池的不一致性，因此电池均衡管控是电池管理系统中不可或缺的一部分。

3. 电池剩余电量估计

电池剩余电量估计也是 BMS 关键技术的组成部分，电池剩余电量就类似于燃油汽车的油表盘，通过剩余电量估计，可以实时了解电动汽车电量的使用情况，并估计剩余可行使里程。电池剩余电量通常可用 SOC（State of Charge）表示，数值一般以百分数形式显示。

4. 安全管理

安全管理是主对整个系统进行安全保护，主要包括电压、电流、过充过放以及温度过热保护等。

5. 温度控制

温度控制是为了调节电动汽车行驶时电池发热温度，在温度超过限定值时 BMS 开始进行温度调节，使温度保持在正常工作范围内。

6. 通信功能

通信功能是实现信息交互，是连接汽车设备与 BMS 间的媒介，目前常用的通信方式是通过 CAN 总线，主要进行数据传递，CAN 总线具有传递效率高、信号稳定和传输速度快等优点。除此之外，电池管理系统内部也需要进行数据交互，一般采用 DART 通信或者 RS232 通信。

二、BMS 的工作方式

BMS 工作时需要进行动力电池状态相关参数的采集及处理，动力电池的状态管理主要包括电池状态的检测和电池状态评估。电池状态的监测包括电压监测、电流监测、温度监测等；电池状态评估包括剩余电量估算和电池老化评估等。电池的状态监测主要进行电池信息的采集，目前，信息采集系统有三种拓扑结构，分别是分散式信息采集系统、集中控制式信息采集系统和分布式信息采集系统。分散式信息采集系统如图 3-1-2 所示。

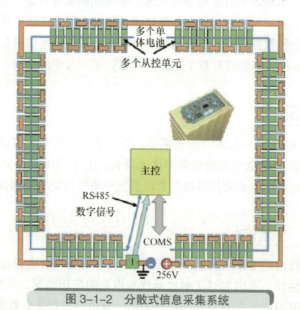

图 3-1-2 分散式信息采集系统

这种系统的电压、温度等信息采集及状态评估等信息，通过总线与主控通信。这种拓扑优点是设计、构造简单，连线少，可靠性高，便于扩展。但是这类拓扑结构每支电池都需要一块控制板，安装烦琐，成本高。

另一种是集中控制式，如图 3-1-3 所示。

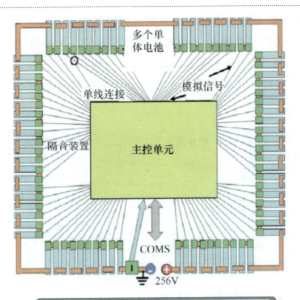

图 3-1-3 集中控制式信息采集系统

这种系统电压、温度等信息采集以及状态评估等工作均由主控完成（无从控），主控与电池无总线通信，直接导线相连。这种拓扑优点是设计构造简单，缺点是连线长、连线多，可靠性不高，管理电池数量不能太多。

还有一种是集合上述两种方式，采用一主多从的分布式拓扑结构。数个从控分别进行分布式信息采集，然后再进行主控，如图 3-1-4 所示。

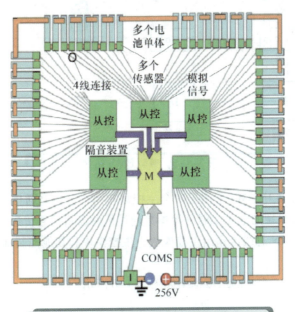

图 3-1-4 分布式信息采集系统

分布式信息采集系统的电压、温度等信息采集以及状态评估等工作由从控完成，一个从控管理若干电池，主控与从控总线通信，并和外部进行通信。这种形式不需要在每支电池上安装控制电路板，连接灵活；从控离电池近，避免过长连线；便于扩展。其缺点是需要考虑主从之间的通信隔离，通信多样、控制复杂。大部分动力电池信息采集系统采用分布式信息采集系统，如图 3-1-5 所示。

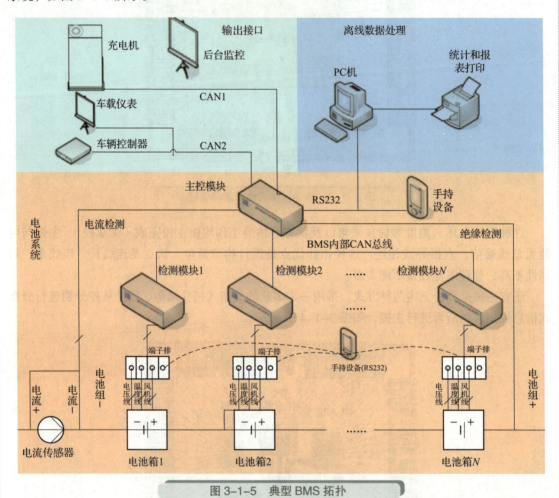

图 3-1-5　典型 BMS 拓扑

可以看出，图 3-1-5 中 BMS 采用了一个主控盒和两个分控盒通信，两个分控盒分别控制 5 个电池模组。电池模组端的电压、温度等参数通过传感器将信号传递给监测模块，各个监测模块将信息通过内部 CAN 总线传递给主控模块，主控模块和其他控制部分通过外部 CAN 总线进行通信。

典型三级分布式 BMS 系统的组成框架如图 3-1-6 所示。

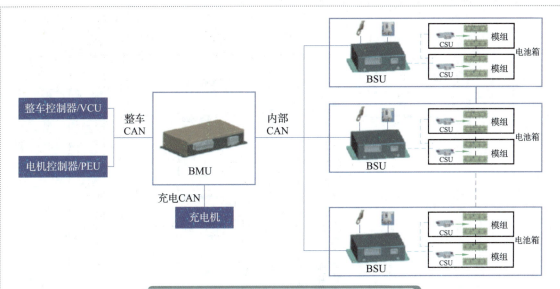

图 3-1-6　典型三级分布式 BMS 系统的组成框架

三、比亚迪 e5 电池管理系统

比亚迪 e5 电池管理系统采用分布式电池管理系统，由电池管理控制器（BMC）、电池信息采集器、电池采样线组成。电池管理控制器的主要功能有充放电管理、接触器控制、功率控制、电池异常状态报警和保护、SOC/SOH 计算、自检以及通信功能等；电池信息采集器的主要功能有电池电压采样、温度采样、电池均衡、采样线异常检测等；动力电池采样线的主要功能是连接电池管理控制器和电池信息采集器，实现二者之间的通信及信息交换。电池管理控制器位于高压电控后部，其位置如图 3-1-7 所示。

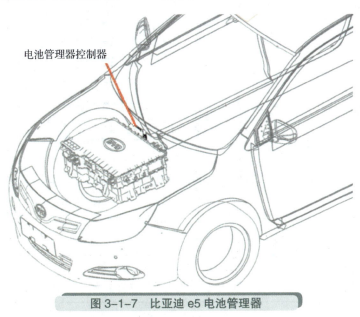

图 3-1-7　比亚迪 e5 电池管理器

比亚迪 e5 电池管理器的电气原理图及接口如图 3-1-8 所示。

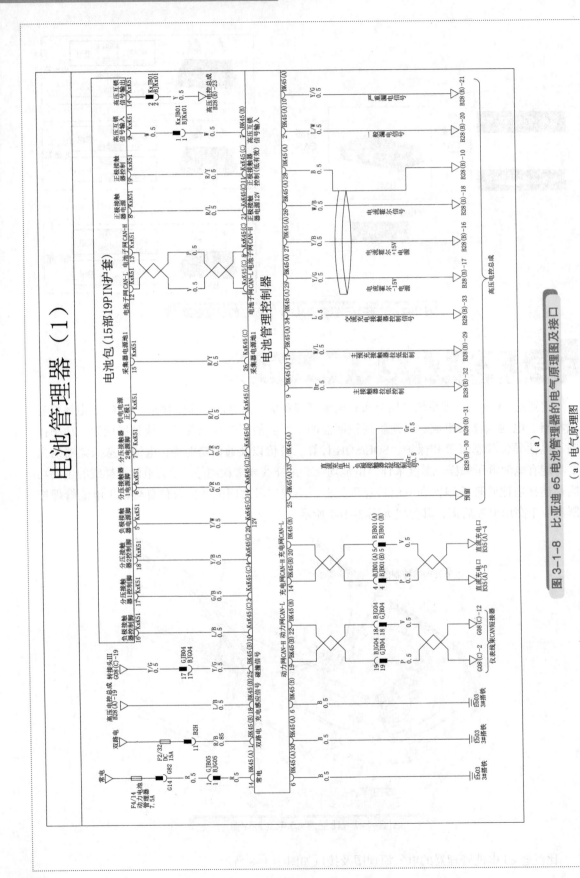

图 3-1-8 比亚迪 e5 电池管理器的电气原理图及接口

(a) 电气原理图

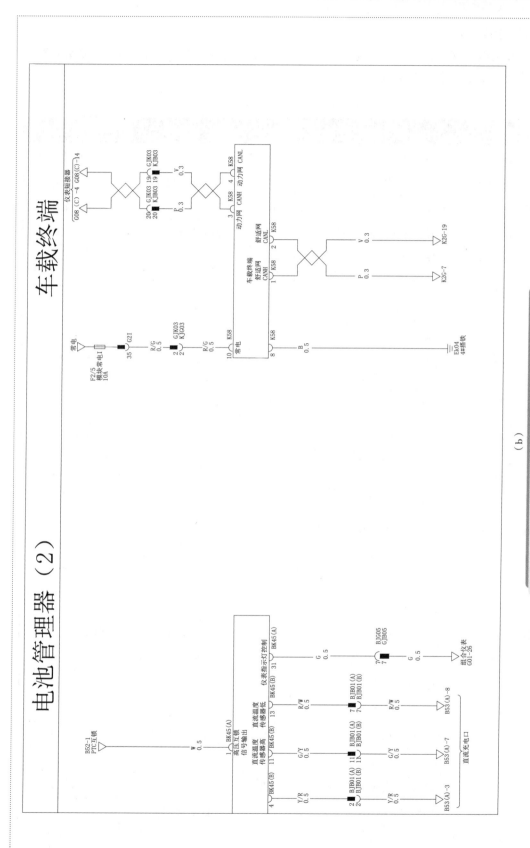

图 3-1-8 比亚迪 e5 电池管理器的电气原理图及接口
(b) 接口

测量方法如下：

断开动力电池管理器连接器，测量线束端输入电压，接回电池管理器连接器，测量各端子值。各端子标准值如表 3-1-1 所示。

表 3-1-1　各端子标准值

连接端子	端子描述	线色	条件	正常值
BMC01-1~GND	高压互锁输出信号	W	ON 挡 /OK 挡 / 充电	PWM 脉冲信号
BMC01-2~GND	一般漏电信号	L/W	一般漏电	小于 1 V
BMC01-6~GND	整车低压地	B	始终	小于 1 V
BMC01-9~GND	主接触器拉低控制信号	Br	整车上高压电	小于 1 V
BMC01-10~GND	严重漏电信号	Y/G	严重漏电	小于 1 V
BMC01-14~GND	12 V 蓄电池正	G/R	ON 挡 /OK 挡 / 充电	9~16 V
BMC01-17~GND	主预充接触器拉低控制信号	W/L	预充过程中	小于 1 V
BMC01-26~GND	直流霍尔信号	W/B	电源 ON 挡	0~4.2 V
BMC01-27~GND	电流霍尔 +15 V	Y/B		9~16 V
BMC01-28~GND	直流霍尔屏蔽地	Y/G		
BMC01-29~GND	电流霍尔 -15 V	R/G	ON 挡 /OK 挡 / 充电	-16~-9 V
BMC01-30~GND	整车低压地	B	始终	小于 1 V
BMC01-31~GND	仪表充电指示灯信号	G	充电时	
BMC01-33~GND	直流充电正、负极接触器拉低控制信号	Gr		小于 1 V
BMC01-34~GND	交流充电接触器控制信号	G/W	始终	小于 1 V
BMC02-1~GND	12 V DC 电源正	R/B	电源 ON 挡 / 充电	11~14 V
BMC02-4~GND	直流充电感应信号	Y/R	充电时	
BMC02-G~GND	整车低压低	B	始终	
BMC02-7~GND	高压互锁输入信号	W	ON 挡 /OK 挡 / 充电	PWM 脉冲信号
BMC02-11~GND	直流温度传感器高	G/Y	ON 挡 /OK 挡 / 充电	2.5~3.5 V
BMC02-13~GND	直流温度传感器低	R/W		
BMC02-14~GND	直流充电口 CAN2H	P		
BMC02-15~GND	整车 CAN1H	P	ON 挡 /OK 挡 / 充电	1.5~2.5 V
BMC02-16~GND	整车 CAN 屏蔽地			
BMC02-18~GND	VTOG/ 车载感应信号	L/B	充电时	小于 1 V
BMC02-20~GND	直流充电口 CAN2L	V	直流充电时	
BMC02-21~GND	直流充电口 CAN 屏蔽地		始终	小于 1 V

续表

连接端子	端子描述	线色	条件	正常值
BMC02-22~GND	整车 CANH	V	ON 挡/OK 挡/充电	1.5~2.5 V
BMC02-25~GND	碰撞信号	Y/G	起动	约 -15 V
BMC03-1~GND	采集器 CANL	V	ON 挡/OK 挡/充电	1.5~2.5 V
BMC03-2~GND	采集器 CAN 屏蔽地		始终	小于 1 V
BMC03-3~GND	1# 分压接触器拉低控制信号	G/B		小于 1 V
BMC03-4~GND	2# 分压接触器拉低控制信号	Y/B		小于 1 V
BMC03-7~GND	BIC 供电电源正	R/L	ON 挡/OK 挡/充电	9~16 V
BMC03-8~GND	采集器 CANH	P	ON 挡/OK 挡/充电	2.5~3.5 V
BMC03-10~GND	负极接触器拉低控制信号	L/B	接触器吸合时	小于 1 V
BMC03-11~GND	正极接触器拉低控制信号	R/G	接触器吸合时	小于 1 V
BMC03-14~GND	1# 分压接触器 12 V 电源	G/R	ON 挡/OK 挡/充电	9~16 V
BMC03-15~GND	2# 分压接触器 12 V 电源	L/R	ON 挡/OK 挡/充电	9~16 V
BMC03-20~GND	负极接触器 12 V 电源	Y/W	ON 挡/OK 挡/充电	9~16 V
BMC03-21~GND	正极接触器 12 V 电源	R/W	ON 挡/OK 挡/充电	9~16 V
BMC03-26~GND	采集器电源地	R/Y	ON 挡/OK 挡/充电	

拓展阅读 →

四、某集中式 BMS 功能

集中式 BMS 电池管理一体机对电池和电动汽车整机的状态完成监控管理，系统通过硬件功能电路和嵌入式软件读取状态数据并上报故障信息。BMS 功能一般分为状态管理和故障诊断，功能分布如图 3-1-9 所示。

其中 BMS 状态数据处理主要完成对电池 SOC 估计，在此之前需对其进行等效电路模型参数化。在对电池模型进行等效时需要考虑系统主频、计算量、功能需求等因素，选择既要保证系统准确性，也要保证系统实时性和可靠

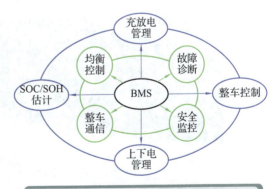

图 3-1-9 集中式 BMS 功能分布

性，对应的模型能够保证精度也要对计算量有所限制，不能过高影响 MCU 的实时处理整车和电池故障等其他动作。

总结当前国内外对 SOC 测定的主流方案研究，像安时积分法，通过电流对时间的积分完

成对剩余电量估计，由于是开环估计且没有修正，因此容易导致误差累积；开路电压法，电池 OCV 和电动势基本保持一致，电压、容量及溶液密度关系近线性；Kalman 滤波算法，基于等效电路建立状态空间方程，保持最优估计的最小均方误差进行迭代推算，这种方法误差较少但硬件要求较高。

另外还有神经网络法、内阻法、模糊推理法等，但是这些估算算法在应用上多少存在约束：神经网络法和模糊推理法需经大量训练，开路电压法只适用于离线估算，安时积分法存在初始的积分误差和误差累积，Kalman 滤波计算量大，对硬件要求高。因此考虑使用开路电压法离线估计初始 SOC，使用安时法计算动态 SOC 增量，Kalman 滤波基于安时积分法和电池状态空间表达式来完成主要的模型估计和预测，最终通过软硬件系统联调测试来调整状态估计算法及完成 BMS 功能搭建。

实践技能

五、比亚迪 e5 电池管理控制器更换

1. 准备工作

（1）穿戴好工服、绝缘鞋；
（2）打开车门，安装方向盘套、地板垫、座椅套；
（3）拉起前舱盖开启手柄，打开前舱盖；
（4）安装翼子板布、前格栅布；
（5）将电源挡位退至"OFF"挡，确保电源挡位处于"OFF"位置，等待 5 min；
（6）断开蓄电池负极。

2. 电池管理器的更换

（1）拔下电池管理控制器上的线束插接件，如图 3-1-10 所示。

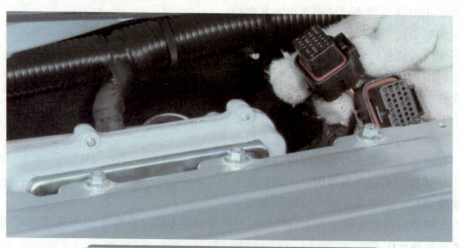

图 3-1-10　拔下电池管理控制器上的线束插接件

（2）拆下三个固定螺母，取下电池管理控制器，如图 3-1-11 所示。

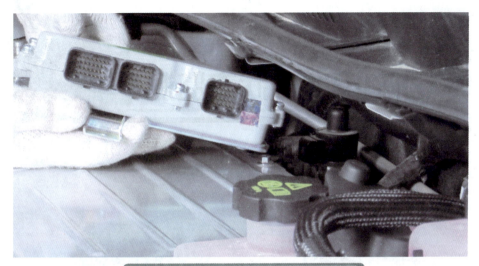

图 3-1-11　取下电池管理控制器

（3）更换新的电池管理控制器。
（4）安装三个固定螺母。
（5）安装动力电池采样线和整车低压线束插接件。
（6）安装低压蓄电池负极。
（7）检查上电是否正常。

3. 现场复位

（1）取下前格栅布、翼子板布。
（2）关闭机舱盖。
（3）取下方向盘套、地板垫、座椅套，关闭车门。

单元小结

（1）电池管理系统是为了合理的控制电池给汽车提供动力的中间环节，也是电动汽车安全行驶的必要条件。其主要功能是管理以及监控电池组工作状态。其主要由五大部分组成，分别是：电池状态监控、电池均衡管控、电池剩余电量的估计、安全管理以及温度控制等。

（2）BMS 工作时需要进行动力电池状态相关参数的采集及处理，动力电池的状态管理主要包括电池状态的检测和电池状态评估。电池状态的监测包括电压监测、电流监测、温度监测等；电池状态评估包括剩余电量估算和电池老化评估等。

（3）比亚迪 e5 电池管理系统采用分布式电池管理系统，由电池管理控制器（BMC）、电池信息采集器、电池采样线组成。

学习情境3　动力电池的检测

动力电池的状态监测

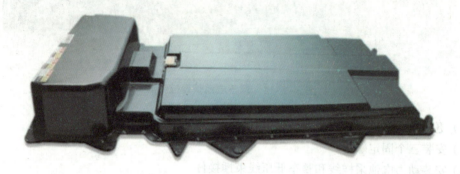

任务导入

小王买了一辆新的比亚迪e5电动汽车，需要读取动力电池信息，你知道如何安全规范的进行读取吗？

学习目标

（1）能通过查阅相关维修技术资料等方式获取车辆信息。
（2）能根据充电要求制定正确的维修计划。
（3）能按照正确操作规范进行动力电池的信息读取。
（4）能按照要求整理现场。

理论知识

电池管理系统的控制和算法的实现主要是以电压、电流、温度这三个物理量为基础的，所以数据采集结果的准确性直接影响电池管理系统的整体性能，具体涉及电池荷电状态的估算、均衡控制的效果、电池充放电效率以及电池状态分析等。

电池工作参数的检测是电池管理系统最主要的功能之一，电池的工作参数包括电池的电压、工作电流以及温度。具体需要测量的是电池的电压、电池的充放电电流以及电池的温度。其中对单体电池电压的测量是数据采集的首要任务，通过电压可以很好地判断电池的工作状态，荷电状态的估算需要用到单体电池电压，其他功能的实现也需要通过电压数据进行计算。

一、电压的测量

电压检测分为两部分，即动力电池包的电压测量和电池模组的电压测量。

1. 动力电池包的电压测量

电池包电压测量一般在母线上设置电压测量模块。典型动力电池电流和电压监测如图3-2-1所示。

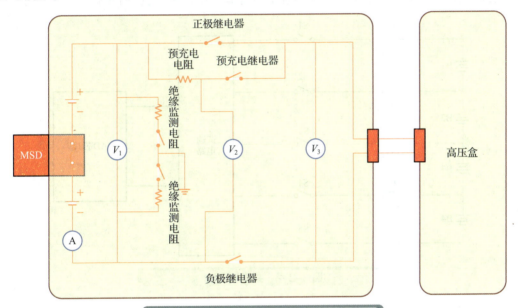

图 3-2-1 典型动力电池电流和电压监测

图3-2-1中电压的监测是通过并联连接三个电压传感器 V_1、V_2 和 V_3 来进行测量的。

动力电池不进行充放电时，正、负继电器和预充电继电器都断开，此时 V_1 和 V_2 为动力电池开路电压，V_3 测量高压用电设备电压，且有 $V_1=V_2$，$V_3=0$。

当动力电池放电时，首先预充电继电器和负极继电器闭合，V_1 测量动力电池工作电压，V_2、V_3 测量高压用电设备电压，且有 $V_1 > V_2=V_3$；然后预充电继电器断开，正负极继电器闭合，此时 V_1、V_2、V_3 测量动力电池工作电压，且有 $V_1=V_2=V_3$。

当外部向动力电池充电时，预充电继电器和负极继电器闭合，此时 V_1 测量动力电池电压，V_2、V_3 测量外部充电线路电压，且有 $V_1 < V_2=V_3$；然后预充电继电器断开，正负极继电器闭合，此时 V_1、V_2、V_3 测量动力电池工作电压，且有 $V_1=V_2=V_3$。

通过三个电压测量模块共同测量来确定动力电池充放电状态，并能正确测量动力电池电压和外部充电线路电压。

电池包电压主要的故障现象有：电池包电压过压、欠压和电压异常。电池包过压的现象为高压检测到电池包电压大于某阈值，欠压的现象为电池包电压小于某阈值，电池包总电压异样表现为总电压值大于单节电池电压值与数量的乘积。以上情况一旦出现，BMU 将会更新故障标志，并且根据相应的故障等级对故障码进行存储以及点亮故障警报灯，同时采取相应的故障解决措施。

2. 电池模组的电压测量

电池模组电压采集目前有两种方式，一种是通过搭建电压采集电路进行采集，另一种是通过专用电压采集芯片。搭建电压采集电路主要有两种常用的方法，即共模测量法和差模测量法。共模测量是相对于同一参考点，采用精密电阻等距比例衰减之后测量各点的电压，也就是先采集第 n 节电池的总电压，再采集第 $n+1$ 节电池的总电压，最后相减得到每节电池的电压，其原理如图 3-2-2 所示，这种方法原理虽然简单，但是测量的精确度不高。

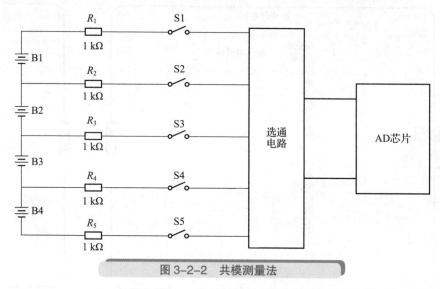

图 3-2-2　共模测量法

差模测量是通过继电器选通单体电池直接进行测量，此方法采集精度比较高但电路比较复杂，其原理图如图 3-2-3 所示。

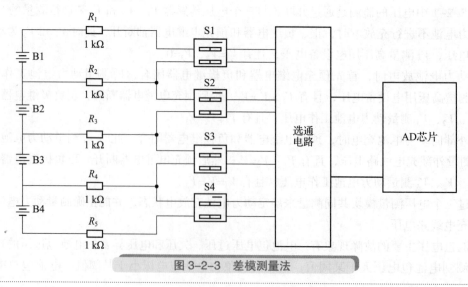

图 3-2-3　差模测量法

很多大型半导体器件生产企业面向电动汽车电池管理系统开发出专用的芯片，目前市场上有多款电池管理系统数据采集专用芯片，选用专用集成芯片与搭建电压采集电路相比，电路得到了很大的简化，降低了电路设计的复杂程度，而且其安全性和稳定性较好，测量精度高。

电池模组主要的故障现象有：电池组电压过压、电池组电压欠压以及电池模块电压异常。BMS 将会设置固定的采样时间对电池包电压以及电池组电压进行监控，并且采用两种安全保护机制：第一种针对电池的欠压，BMS 将请求降功率措施；第二种针对电池的严重过压欠压，BMS 将请求切断高压接触器。

比亚迪 e5 动力电池模组采用了共模测量，测量点如图 3-2-4 所示。

图 3-2-4　比亚迪 e5 动力电池模组的电压测量

比亚迪 e5 的动力电池模组内，每个模组的正负极各引出一个测量端子，用来采集模组内的各个点和负极母线的电压，然后相减得出每个模组的电压。

二、电流的测量

电流的采集相比电压而言采集的通道数较少，因为锂离子电池往往串联使用，各个电池的工作电流相同，只测量串联之后的总电流就可以了。在电流监测时一般将电流信号转换为电压信号，基于此测量方法电流采集主要有基于串联电阻采样和基于霍尔电流传感器采样两种方案。前者是在电流流过的主回路中串联采样电阻，该采样电阻阻值极小，精度较高且温漂小，但是存在热损耗和隔离问题，如果增加隔离电路会使得电路变得复杂。后者是利用霍尔效应来检测电流的一种电子元件，可以测量从直流电到几十千赫兹的交流电，测量精度高，灵敏度好。

电流采集的准确与否不仅会影响 SOC 的估算，还会影响保护方案的设置，对整个电池管理系统的性能及安全性至关重要。电流检测一般有两种方案，一种是电阻检测法，即通过欧姆定律计算电池组的电流。这种方法原理虽然简单，但是由于外部条件的干扰需要做好隔离设计，电路比较复杂；另一种方案是通过霍尔电流传感器采集，将电源线穿过霍尔电流传感器，通过电磁感应获取电流值。

电流对于电池的状态估算至关重要，在汽车电子领域对于电流传感器的精度、鲁棒性、温度漂移和线性度都具有一定的要求。

分流器是通过串联于电流通路的微小电阻产生的电压变化来测量电流的设备。由于电池包的工作环境特殊，分流器需要在大电流的工况下工作，电阻表面的温度将会影响采样精度。所以对于分流器的选型，应该选择低温度漂移、低功率系数和低热电势的产品。由于其电压输出值为毫伏级别，所以在使用时需要复杂的调理电路。分流器式电流的测量如图 3-2-5 所示。

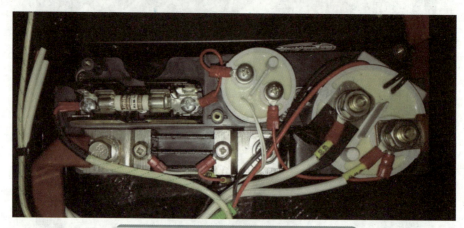

图 3-2-5　分流器式电流的测量

开环霍尔电流传感器采用霍尔直放式原理，电流产生的感应磁场在垂直于电流及磁场的霍尔元件端面上形成霍尔电压。霍尔电压大小与原边电流以及磁感应强度成正比。闭环霍尔电流传感器采用磁平衡原理，由霍尔元件控制电流流过次级线圈产生磁场补偿，当磁平衡时，补偿值可以准确表现实际值。由于闭环式霍尔电流传感器工作状态为零磁通，磁芯的非线性以及磁滞对输出影响较小，所以闭环霍尔的响应时间以及精度较开环霍尔更有优势，闭环更适用于小电流的检测，但电池包在现实工况中将通过百安量级的电流。

比亚迪 e5 电流测量采用开环霍尔电流传感器，传感器安装于高压电控总成内部，如图 3-2-6 所示圈内部分。

磁通门传感器利用高磁导率、易饱和的线束铁芯在交变磁场的激励下，磁感应强度与磁场强度的非线性关系来测量弱磁场，从而达到测量电流的目的。

磁通门电流传感器优势在于无偏移误差、高精度、低线性误差以及完全的电隔离。磁通门传感器多用于混合动力以及新能源汽车电池包，传统的铅酸电池以及电池管理系统的精确测量模块，用于更精确的电池状态的输出。在汽车级别的应用中，器件供应商在传感器中嵌入 CAN 模块，可以通过 CAN 通信直接传送被测电流值。在本课题中，鉴于成本以及测量精度，母线电流的检测使用磁通门式电流传感器，出于功能安全的考虑，本系统还增加了冗余的霍尔电流传感器。

图 3-2-6 比亚迪 e5 电流传感器

电池包由多个模组串联而成，模组内会有多节串联的电池组，单个电池组由多个电芯并联。电池系统电压电流采样的基本结构如图 3-2-7 所示，电池包中，每个模组都会有一个 CMU 检测以及控制，CMU 内部的模拟前端会采集各模组内部电池组电压和模组电压，电池包高压部分检测由 BMU 执行。

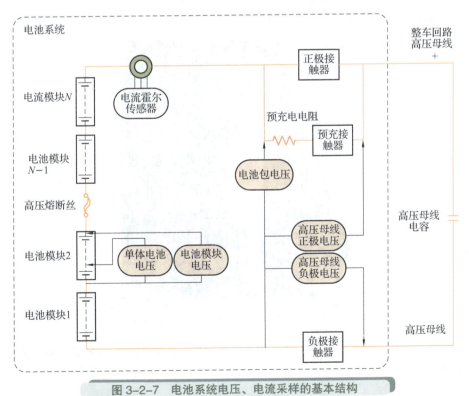

图 3-2-7 电池系统电压、电流采样的基本结构

三、温度的采集

温度对电池的性能影响很大,温度过高将会导致电池的外壳破裂,发生爆炸等安全事故;温度过低会使得电池的电解液凝固,电池的充放电就无法正常进行,所以电池需要在一定的温度范围内才能够正常工作。温度监测对于电池的安全保护、SOC 估算、电池热管理都有十分重要的意义。例如对 SOC 进行估算时,不同的温度下电池所能放出的电量是不相同的,必须充分考虑到温度因素对其结果的影响。

常见的温度采集方法有:

(1)热敏电阻方式。

热敏电阻是最常用的采集温度的方式,其电阻值随着温度几乎是线性的变化,通过阻值的变化即可判断温度的变化。

(2)DS18B20 方式。

DS18B20 是常用的一种芯片级的温度传感器,采用总线的方式能够使一个控制器同时连接多个传感器,降低了连线的复杂程度。

(3)采用专用的一体化芯片。

有些专门针对电池管理设计的芯片同时集成了电压、电流、温度的采集功能。

当前市场上多数 BMS 不具备检测所有单体电池电芯温度的功能,一般只是检测电池模块或电池模组的温度。但是从技术角度上考虑,采集每支电池的电芯温度都非常重要。电池连接松动、使用不当、内部出现故障等情况下,很重要的表现就是温度上升,通过检测每支电池的电芯温度可以实时了解电池运行情况,提供异常报警,避免发生事故。

大部分电动汽车采用 DS18B20 芯片作为温度传感器监测电池温度,如图 3-2-8 所示。

图 3-2-8 北汽 EV160 动力电池温度传感器

温度传感器安装在每个动力电池模组侧面,通过螺栓压紧在电池组外壳。拆下的温度传感器如图 3-2-9 所示。

图 3-2-9 拆下的温度传感器

图 3-2-9 中,红色线为传感器提供电源,黑色为搭铁线,蓝色为信号线。电池温度信号通过蓝色信号线输入总线,通过总线传递给 BMS。日常使用的 DS18B20 如图 3-2-10 所示。

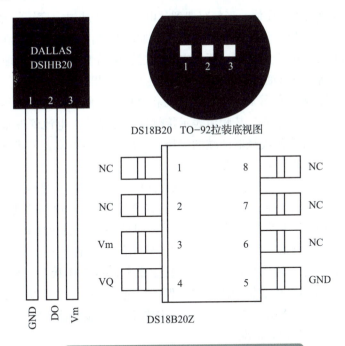

图 3-2-10 日常使用的 DS18B20

DS18B20 数字温度传感器接线方便,封装成后可应用于多种场合,耐磨耐碰,体积小,使用方便,封装形式多样,适用于各种狭小空间设备数字测温和控制领域。通过厂商专用的软件,可以读出 BMS 中动力电池的温度数据。

比亚迪 e5 每个模组内安装了 3 个温度传感器,如图 3-2-11 圈内所示。

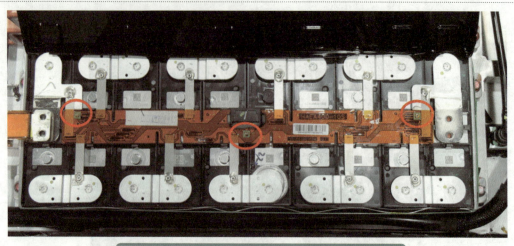

图 3-2-11　比亚迪 e5 电池模组内的温度传感器

四、接触器状态检测

根据之前的危害分析风险评估,当整车遇到过电流、欠压或过温度等状况时,需要电池管理系统发出切断接触器的指令,保证电池包以及交通参与者的安全。但是在现实工况下,接触器会发生粘连以及无法吸合的情况,所以在设计过程中需要对接触器的驱动线圈回路以及接触器端电压进行诊断,以反馈接触器按照正确的指令执行相对应的操作。

当 BMS 发出断开接触器信号后,主控制单元将会检测接触器触点的电压,压差超过某阈值表示接触器状态正常,压差低于某阈值表示接触器可能粘连。电池管理系统发出闭合接触器指令后,主控单元也会检测接触器两端的电压,电压小于某阈值表示接触器正常闭合,压差大于某阈值时表示接触器不能正常吸合。

除了诊断接触器两端电压,本系统也拥有线圈回路的诊断功能。接触器线圈回路的控制以及诊断使用高低边驱动模块。高边驱动芯片模块具有诊断以及保护电路的功能,包含 MOSFET 的开通关断信号、驱动电压的输入输出以及状态回读信号。高边驱动(High Side Driver,HSD)可根据输入信号的高低、状态回读信号以及输出的电压值来区分正常工作状态、过温、欠压、过载或者对地短路、输入输出短路以及接触器开路等工作状态。智能低边驱动(Low Side Driver,LSD)芯片也具备逻辑输入、输入保护、过载保护、过压保护以及断路保护等功能。通过输入信号标志以及输出电压,低端驱动能够诊断出接触器正常工作状态、接触器驱动开路以及接触器驱动短到地等情况。

对于驱动控制资源不足的情况,一般采用多个接触器复用同一高边驱动并且各自使用不同的低边驱动。图 3-2-12 中,供电电压是 12 V,接触器共用 HSD,这种情况下,诊断覆盖率将会有局限性。如果 HSD、LSD1 以及 LSD2 均正常,那么接触器 2 断开的故障将诊断不出。如果 HSD 与 LSD1 正常,LSD 短接到地将诊断不出。

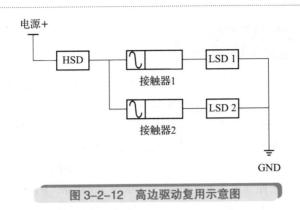

图 3-2-12 高边驱动复用示意图

五、绝缘检测

动力电池绝缘电阻指的是：若动力电池与车身公共地之间某处发生短路，最大的漏电流值相对的阻值。在现实情况下，由于车辆的振动、绝缘漆、冷却液体和电解液的潜在影响，电池包正负母线对于底盘地都有各自的绝缘电阻，并且电动汽车电池包绝缘电阻的取值以正负母线绝缘电阻值较小的为准。当母线的一边和底盘发生短路时，泄漏电流的大小由另一边的对底盘地的电阻决定，无论哪一侧发生对地短路，电阻值越小意味着电流越大，当电流超过人体的安全阈值时，将会发生触电危险。为了减小相关人员的触电风险，电池包系统需要设计绝缘检测电路，如果计算后的绝缘电阻低于 500 Ω/V，BMS 需要向 VCU 发出报警的请求。绝缘电阻值过低时，BMS 需要向 VCU 发送切断接触器的请求。图 3-2-13 所示为绝缘检测原理图，BMU 将根据绝缘检测策略，计算电池系统绝缘电阻值，并且通过 CAN 通信的方式发送至 VCU。R_P 和 R_N 分别是母线正极和负极对地绝缘电阻值。但是在现实情况中，R_P 和 R_N 并非真实存在的电阻。

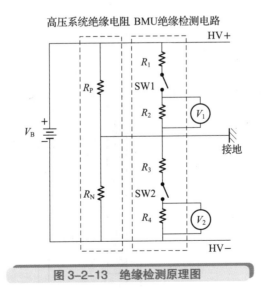

图 3-2-13 绝缘检测原理图

六、高压互锁检测

高压互锁（High Voltage Interlock Loop，HVIL）用于判断整个车载高压系统的完整性。在电动汽车整车系统中，判断高压电气件的连接状态是重要环节，如果高压系统回路断开或者高压回路不完整，将会发生高压裸露、电池包输入输出功率下降和连接器烧结等情况，对电池包以及整车系统的安全性造成影响。高压互锁回路的输出源既可以是BMS，也可以是整车控制器。

源电路位于BMS上的绝缘检测，要求车辆其他高压部件提供互锁接口。BMU的主控芯片将会发出占空比为50%的脉冲宽度调制（Pulse Width Modulation，PWM）信号，此信号将通过高压互锁回路的每个节点。当有连接器状态异常，HVIL回路开路，BMU捕获不到有效的PWM信号时，BMU将会向整车控制器发出HVIL失效的警告。如果BMU接收的PWM信号波形的占空比与发送的PWM信号占空比相差在10%之内，则BMU将会认为这是正常的干扰或者捕获偏差，HVIL处于正常工作状态。如果BMU检测到占空比比输入的PWM信号波形占空比大于60%，则高压互锁回路与电源短路或者断路。如果BMU检测到占空比比输入的PWM信号波形占空比小于40%，则高压互锁回路对地短路。对于以上两种情况，BMU将会在内存里记录相应的故障代码，并且点亮相应的故障灯，并且在电动汽车行车之前静止吸合高压接触器。

HVIL的硬件主要通过连接器与线束的连接实现，如图3-2-14所示，在整车高压回路的各个连接器中，用低压线串联起所需要监控的连接器，并最后回到主控单元，以此来实时检测各个部件的连接状态。HVIL将由BMU产生预定占空比的脉宽调制波，通过整个高压回路后再回到BMU，如果BMU检测到PWM波的占空比不符合预期，BMU将会向VCU发出切断高压接触器的指令，直至该故障排除，接触器才能重新吸合。

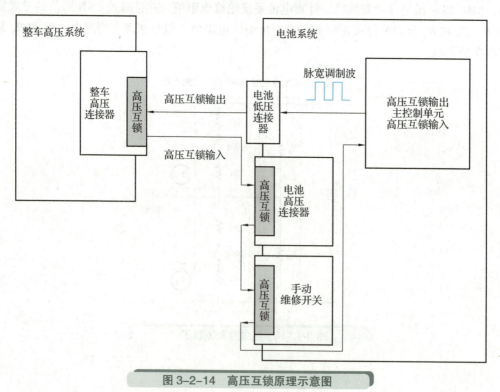

图3-2-14　高压互锁原理示意图

> **拓展阅读**

七、典型电动汽车电池管理系统

国外发达国家对于电池管理系统的研究起步早、发展快，有些技术已经能实现产业化。早在1991年，美国的通用、福特和克莱斯勒三大汽车公司就成立了"先进电池联合体"，共同致力于电动汽车先进技术的研究；日本的丰田公司早在十几年前便开始了电池管理系统的研发，其混合动力汽车技术世界一流；欧盟以及其他国家也积极投入其中，如今都已经取得了不错的技术成果。

美国作为发达国家的代表，对于电动汽车技术的研究一直走在世界的前列。最先提出电池管理系统概念的是 The University of Toxed。目前比较典型的电池管理系统有美国 AC Propulsion 公司的 BATOPT 系统、Aerovironment 公司的 SmartGuard 系统、通用公司 EVI 电池管理系统以及近几年以来比较火热的特斯拉（Tesla）电动汽车电池管理系统。BATOPT 系统是一个分布式系统，由主控模块和监控模块共同实现电池管理功能。监控模块通过两条总线向主控芯片实时传递电池组的信息，然后主控芯片通过这些信息对电池组进行优化处理。SmartGuard 系统采用分布式结构，主要提供自动监测电池过充电、电压与温度采集以及提供最差单体电池的数据。美国通用公司研发的 EVI 电池管理系统利用微处理器对 26 块串联而成的铅酸蓄电池组进行监控，从而获取电池组信息，估算电池的荷电状态。该管理系统主要由三个部分组成：电池模块（包含电池组和管理软件）、电池组热管理模块、高压自动断电保护模块，实现单体电压、温度监测，电池组电流的采样，电池过放报警和高压保护等功能。此外，美国特斯拉公司生产的高档电动汽车让全世界瞩目，其代表性车型 MODELS 续航里程高至 500 km，百里加速只需 4.4 s，可与传统的燃油汽车相媲美，它采用 6 000 多节锂离子电池构成电池包，给电动汽车提供充足的动力，该电池包设有其自主研发的 BMS，能够有效监测电池组异常并进行修复，保障整个电池包的安全。

日本对电池管理技术的研究同样历史悠久，1995年日本的索尼公司首次研发出第一款电动汽车，虽然这款电动汽车的行驶里程只有 200 km，最高时速 120 km/h，但是该电动汽车仅由 96 节锂电池构成，电源的动力系统得到了有效的利用。丰田汽车公司于 1997 年在世界上首次实现了混合动力电动汽车的大批量生产。日本汽车企业 BMS 技术的专利申请数目更是占据绝对的优势，这其中既包括丰田、本田、三洋、富士、三菱等大规模的汽车厂商，矢崎总业株式会社、株式会社电装等汽车零部件供应商，还包括松下等一些非汽车企业。这些专利申请数目充分地表明了日本在电池管理系统技术方面取得的突出成绩，同时也体现了汽车行业的发展带动了日本各个行业的研发与进步。

德国在汽车制造业方面一直独树一帜，在电池管理系统方面比较有名的有 BADICHEQ 系统、BADICOACH B 系统和 BATTMAN 系统。BADICHEQ 系统最多可以管理 20 节电池，在原有系统的采集功能之外，又增加了电池组的均衡控制功能和记录电池组的运行数据信息。BADICHEQ 系统的单体电池都采用非线性的电路对电压及温度进行监测，然后使用单一的信号线将单体电池信息传递给主控芯片；还细化了电池管理系统的 SOC 等其他功能。BATTMAN 系统是 B.Hauck 公司对不同型号的动力电池设计的电池管理系统，与其他的系统相比较而言优势在于该系统的普遍适用性，只要调整好硬件的跳线、软件的参数，不同型号的电池都可适用，降低了系统的成本。

实践技能

八、使用故障诊断仪读取电池信息

1. 准备工作

（1）穿戴好工服、绝缘鞋。
（2）打开车门，安装方向盘套、地板垫、座椅套。
（3）拉起前舱盖开启手柄，打开前舱盖。
（4）安装翼子板布、前格栅布。

2. 电池管理器的更换

（1）将故障诊断仪插头与汽车上的诊断插座连接，如图 3-2-15 所示。

图 3-2-15　连接故障诊断仪

（2）踩下制动踏板，按下电源开关，车辆上电。
（3）打开故障诊断仪开关，向上滑动解锁屏幕。
（4）单击"新能源"选项，如图 3-2-16 所示。

图 3-2-16　单击"新能源"选项

(5)单击"比亚迪"选项。

(6)单击"e5"选项。

(7)单击"诊断"选项,如图3-2-17所示。

图3-2-17 单击"诊断"选项

(8)单击"控制单元"选项,如图3-2-18所示。

图3-2-18 单击"控制单元"选项

（9）单击"动力模块"选项。

（10）单击"电池管理系统－水冷"选项，如图3-2-19所示。

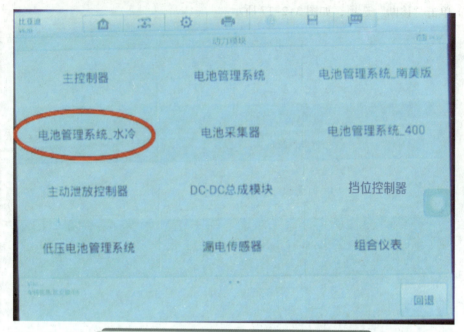

图3-2-19　单击"电池管理系统－水冷"选项

（11）单击"读数据流"选项。

（12）单击"数据流"选项，滑动屏幕观察数据流；数据流显示如下：
SOC为23%；电池组当前总电压653 V；电池组当前总电流0.5 A，如图3-2-20所示。

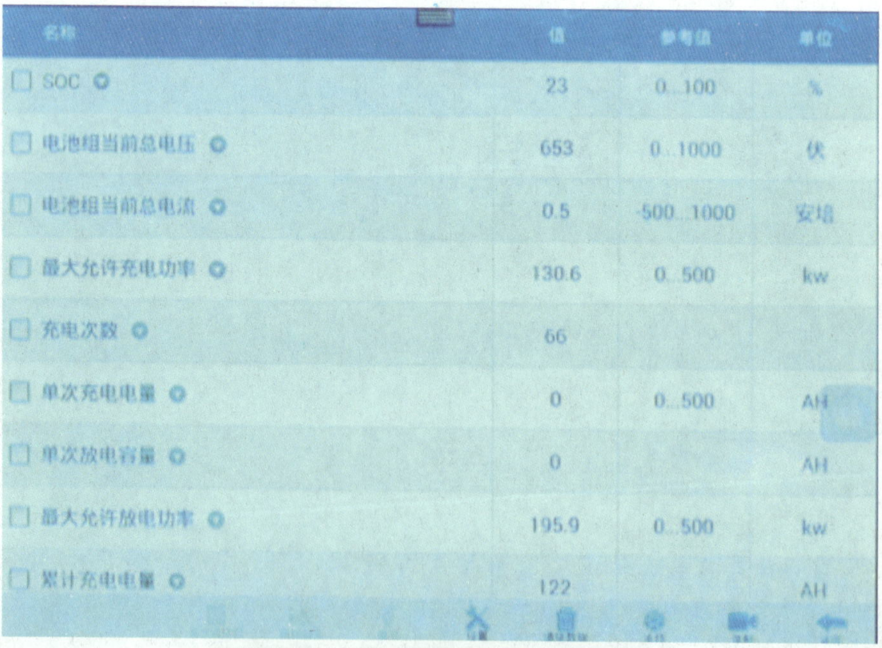

图3-2-20　数据流观察（1）

绝缘阻值为 9 214 kΩ；放电是否允许：允许；充电是否允许：不允许；充电感应信号 – 交流：无；预充状态：完成；主接触器：吸合；负极接触器：吸合，如图 3-2-21 所示。

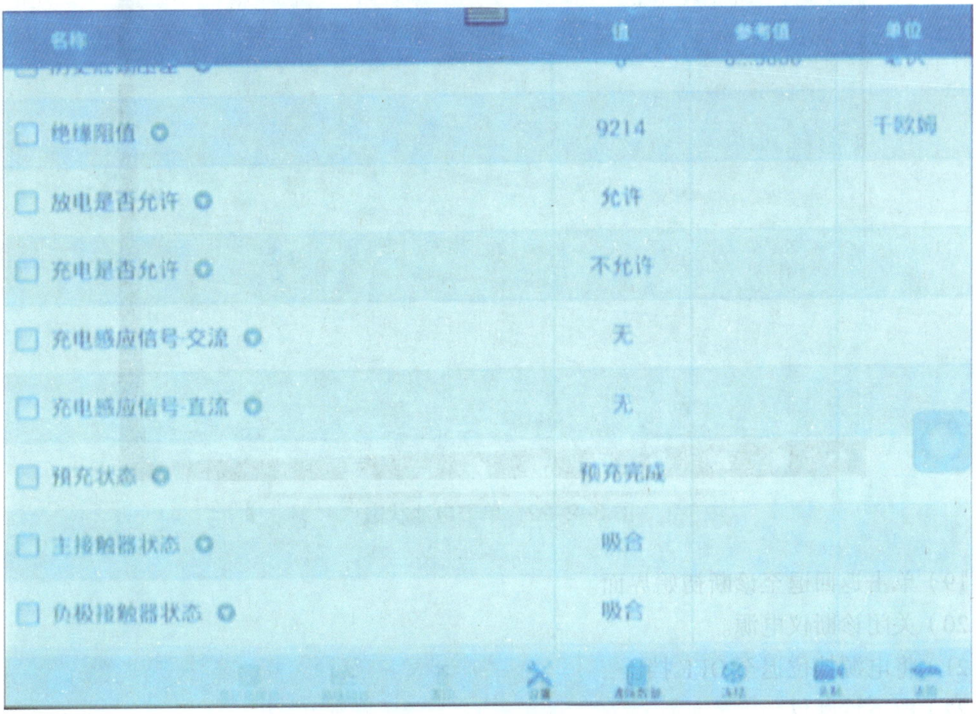

图 3-2-21　数据流观察（2）

正极接触器：吸合；预充接触器：断开；高压互锁 1：未锁止；高压互锁 2：未锁止；高压互锁 3：未锁止；最低电压电池编号：135；最低单节电池电压：3.863 V；最高电压电池编号 139；最高单节电池电压：3.895 V；最低温度号：3；最低温度 68 ℉；最高温度号：7；最高温度：69.8 ℉。

（13）单击"返回"。

（14）单击"采样信息"。

（15）向上滑动观察数据流，数据流显示 168 个电池电压采样状态和 40 个温度采样状态。

（16）单击"返回"。

（17）单击"模组信息"选项。

（18）向上滑动屏幕，观察数据流，数据流显示模组最低单节电池电压及编号、模组最高单节电池电压及编号、最低温度电池号及最低单节电池温度、最高温度电池号及最高单节电池温度，如图 3-2-22 所示。

图 3-2-22 单节电池状态

（19）单击返回退至诊断初始界面。
（20）关闭诊断仪电源。
（21）将电源挡位退至 OFF 挡。
（22）取下诊断仪。

3. 现场复位

（1）取下前格栅布、翼子板布。
（2）关闭机舱盖。
（3）取下方向盘套、地板垫、座椅套，关闭车门。

单元小结

（1）电池管理系统的控制和算法的实现主要是以电压、电流、温度这三个物理量为基础的，所以数据采集结果的准确性直接影响电池管理系统的整体性能，具体涉及电池荷电状态的估算、均衡控制的效果、电池充放电效率以及电池状态分析等。
（2）电压检测分为两部分，即动力电池包的电压测量和电池模组的电压测量。
（3）在电流监测时一般将电流信号转换为电压信号，基于此测量方法电流采集主要有基于串联电阻采样和基于霍尔电流传感器采样两种方案。
（4）温度对电池的性能影响很大，温度过高将会导致电池的外壳破裂，发生爆炸等安全事故；温度过低会使得电池的电解液凝固，电池的充放电就无法正常进行，所以电池需要在一定的温度范围内才能够正常工作。
（5）高压互锁（High Voltage Interlock Loop，HVIL）用于判断整个车载高压系统的完整性。

任务3　动力电池的管理

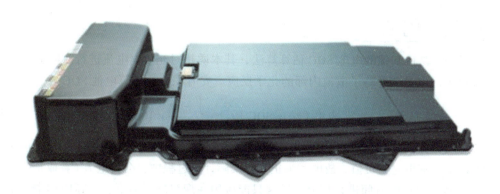

任务导入

小王买了一辆新的比亚迪 e5 电动汽车，需要进行更换电池热管理控制器，你知道如何安全规范地进行更换吗？

学习目标

（1）能通过查阅相关维修技术资料等方式获取车辆信息。
（2）能根据充电要求制定正确的维修计划。
（3）能按照正确操作规范进行电池热管理控制器的更换。
（4）能按照要求整理现场。

理论知识

一、动力电池 SOC 估算

电池 SOC（State of Charge，SOC）又称电池的荷电状态，通常指电池当前剩余电量与相同的放电条件下电池的额定容量的比值，因此电池 SOC 也称电池的剩余电量，其定义式为

$$\mathrm{SOC} = \frac{Q_{\mathrm{remain}}}{Q_{\mathrm{rated}}} \times 100\% = \frac{Q_{\mathrm{rated}} - Q_{\mathrm{discharg}}}{Q_{\mathrm{rated}}} \times 100\% \qquad (3\text{-}3\text{-}1)$$

式中，Q_{rated} 为电池可放出的电量大小，即电池的额定容量；Q_{remain} 为电池中剩余的电池余量；Q_{discharg} 为电池充满后放出的电量。

电池 SOC 的估算是电池管理系统的一项重要功能，是目前电池管理系统研究的重点。它不仅可以告知驾驶员剩余里程，也是其他决策的输入变量，还是合理管理电池组的依据，因此对于电池 SOC 的估算，要采用合适的算法进行准确的估算。动力电池是一种化学产品，工作时既会受到内部工作环境的影响，又会受到外部使用环境的干扰，因此电池 SOC 的估算既要考虑内部因素，又要考虑外部因素。目前常用的算法往往只考虑一个方面的因素，导致电池 SOC 估算的误差较大，因而需要几种算法结合使用，将内外因素都考虑进去，才能准确地估算电池 SOC。

1. 安时积分法

安时积分法是最基础的电池 SOC 估算算法，其本质是对充放电电流进行时间的积分来估算充进或放出的电量，忽略了电池内部的化学反应。安时积分法估算电池 SOC

$$\mathrm{SOC}(t) = \mathrm{SOC}(t_0) - \frac{\int_{t_0}^{t} -i \, \mathrm{d}\tau}{Q_0} \times 100\% \qquad (3\text{-}3\text{-}2)$$

式中，Q_0 为电池额定容量；$\mathrm{SOC}(t_0)$ 为初始时刻的电量；$\mathrm{SOC}(t)$ 为 t 时刻的剩余电量；i 为电流的瞬时值，充电时为负值，放电时为正值。实际计算过程中，会将电流 i 看成某一时间段内的恒流，然后对该段时间进行积分，但这只能应用在理想的环境下。实际应用中，由于受外部环境的影响，电流会出现较大的波动，导致估算误差较大且误差会一直积累，越到后期误差越大，因此该算法不能单独使用，可以和其他算法结合使用。

2. 电动势法

电动势法认为电池电动势 U_{OC} 与 SOC 之间存在一个稳定的关系，通过测得电池电动势来确定电池 SOC。图 3-3-1 所示的拟合曲线是标准环境下磷酸铁锂电池的 U_{OC}-SOC 关系，通过测量磷酸铁锂电池的电动势，即可确定电池 SOC。

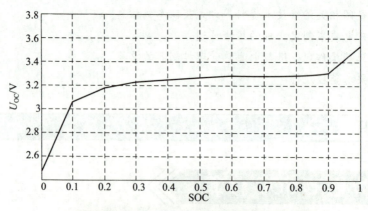

图 3-3-1　U_{OC}-SOC 拟合曲线

实际使用过程中，电池的额定容量会出现衰减等情况，电池电动势受电池内外环境因素的影响，会出现较大的波动，电池电动势与电池的 SOC 关系不能单单通过 U_{oc}-SOC 曲线来表示。实际应用中，该算法常与其他算法结合使用，为电池 SOC 的估算提供初值。

3. 神经网络法

神经网络法是一种通过模拟人脑和神经元来处理非线性系统的方法，该算法具有很强的泛化能力，很适合模拟磷酸铁锂的非线性特性。神经网络法估算电池 SOC 时，需要将电池端电压和工作电流作为系统的输入，把 SOC 的估算值作为系统的输出，但是需要一个反馈量作为输入量。图 3-3-2 所示为电池 SOC 估算的神经网络模型，模型分为输入层、隐含层、输出层，隐含层引出反馈量作为系统输入。

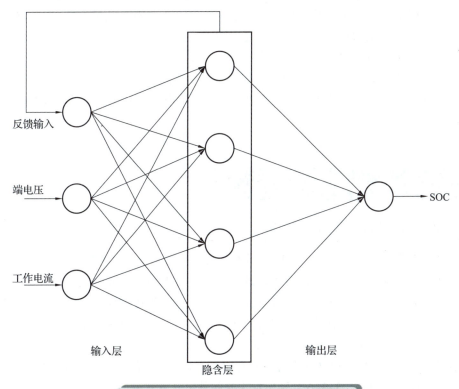

图 3-3-2 电池 SOC 估算的神经网络模型

神经网络算法估算电池 SOC 可在一定程度上避免解析复杂的物理化学过程与数学方程，且具有良好的自适应性。但是该算法需要大量的样本数据来训练系统，而且估算误差也与样本数据和训练方法有关。

4. 卡尔曼滤波算法

卡尔曼滤波算法是一种对复杂动态系统的状态做最优估计的算法。实际应用时，需要建立状态方程描述动态系统，观测方程描述状态信息，然后根据前一时刻的估算值与当前时刻的观测值对需要求取的状态变量进行实时更新，消除系统随机存在的偏差与干扰，达到最优估算的目的。卡尔曼滤波器的关系式如下所示。

$$x_k = A_k x_{k-1} + B_k u_{k-1} + w_{k-1} \quad (3\text{-}3\text{-}3)$$

$$z_k = H_k x_k + v_k \quad (3\text{-}3\text{-}4)$$

式（3-3-3）和式（3-3-4）中，x_k 为系统的状态变量；z_k 为系统的观测变量；u_k 为系统激励变量；w_{k-1} 和 v_k 分别为系统的过程激励噪声和观测噪声；A_k、B_k 和 H_k 分别为系统的参数矩阵。从以上关系看出，卡尔曼滤波算法中的状态变量与系统激励以及观测变量与状态变量之间的关系是线性的，而动力电池却是高度非线性系统，因此卡尔曼滤波算法估算SOC时会有较大的误差。但是从卡尔曼滤波算法衍生出许多针对非线性系统的算法，可以用于电动汽车电池SOC的估算。

通过以上分析，卡尔曼滤波算法最适合电池SOC的估算，但其只针对线性系统，因此决定采用卡尔曼滤波的衍生算法——扩展卡尔曼滤波算法（Extended Kalman Filter，EKF），并对其进行改进，即采用改进的扩展滤波算法进行电池SOC的估算。改进的扩展卡尔曼滤波算法融合了安时积分法、电动势法和扩展卡尔曼滤波算法，以安时积分法修正环境温度、充放电倍率以及电池老化等因素给SOC估算带来的误差，并以修正安时积分法为基础建立SOC的状态方程，以电动势法提供SOC的初值，以扩展卡尔曼滤波算法为主进行递推计算来消除累积误差。采用该算法估算SOC之前，必须要以合适的电池模型为基础，并要辨识出模型参数，以反映电池工作时内部状态变化。

二、动力电池的均衡

1. 电池组的连接方式及可靠性分析

目前电动汽车供电方案中，还未实现使用单个或两个较大容量电池为电动汽车提供电能。常用的供电方案是用多个电池组并联或串联的方式。通过电池的串并联能够为电动汽车提供所需的电压及电流大小，并且还可以提高电池组的容量。因此在设计电动汽车电池组时需考虑其对电动汽车供电电压和电池组的容量这两个因素，当然对于电动汽车所需电池额定容量的要求还需要综合考虑车辆大小等各方面因素。

目前常见的电动汽车电池串并联组合主要有四种，分别为全部并联、全部串联、先串后并以及先并后串。图3-3-3~图3-3-6分别所示为此四种组合方式模型。

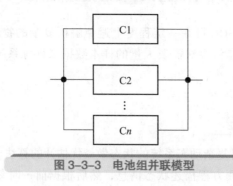

图3-3-3　电池组并联模型

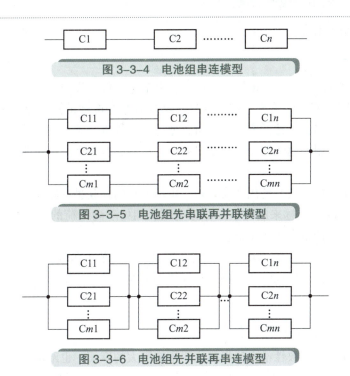

图 3-3-4 电池组串连模型

图 3-3-5 电池组先串联再并联模型

图 3-3-6 电池组先并联再串连模型

考虑到连接方式的可靠性,在电池组模型的选用上,需要通过比较四种模型的可靠性高低来决定。先并后串的方案可靠性最高,并且其输出电压和容量都能满足电动汽车的需要。当然并联时会产生环流,因此在应用到电动汽车上还需要考虑环流的影响,其中限制环流的方法也已经普及。

2. 电池组的不一致性

采用多个电池组成的电池组,因为每块单体电池都具有不一致性,即使采用的电池性能很好,随着电池数量的增加,也可能会使电池的故障率增加,进而降低电池组的可靠性,如果没有合理的方式去解决这一问题,这种不一致性将会在电池组中被放大,继而影响整个电池组的可靠性及寿命。单体电池的内阻、老化速度、充放电速度以及容量的差异是造成电池组不一致性的主要原因。产生这些差异的原因有生产工艺、工作环境和使用方法。

1)生产工艺

电池是通过化学反应产生电能,其本质是一种化学产品,由于在电池生产过程中使用的原料批次不同,即便使用同一批次原料,车间湿度、温度等因素也会导致电池电极材料颗粒大小及电导率有所差别。此外,SEI 膜是于电池充放电过程中极化反应随机产生的,也会引起电池性能的差异。

2)工作环境

温度、湿度及通风条件等其他环境因素对电池工作性能具有较大影响。电池充放电过程电池温度会升高,需要良好的通风散热条件。在电动汽车中由于位置的不同肯定会造成电池通风散热条件的差异,影响电池工作的性能。况且散热条件较差会导致电池电解质的蒸发,造成电池容量低于额定容量。

3）使用方法

不合理的使用方法会造成电池性能下降。在电池组工作过程中由于电池性能差异，容量及当前电量不尽相同，若电池管理系统不合理，会导致某些电池的过充过放电现象。过充过放电会加速电池老化，降低电池的容量，并且这些造成的损害是不可逆转的。

若不加以合理控制电池间即便是微小的差异，也会影响整个电池组的性能，造成的危害主要有以下方面：

（1）电池可用容量降低，使用寿命缩短，电动汽车的行驶里程减少。

（2）电池之间的差异越来越大，一部分电池长期处于满负荷的工作状态，会使其健康状况越来越差，工作性能也会大大降低。

（3）影响输出功率，当输出功率较高时，需要较大的放电电流，而电池剩余电量较少的、内阻较大的单体电池就会提前终止放电，从而影响电池组的功率输出。

3. 电池组充电均衡的意义

单体电池之间的不一致性给电池组的应用带来巨大的麻烦，也给电动汽车的发展带来一定程度的限制。因此，电池管理系统要具有均衡管理功能，即使单体电池之间存在差异，也要将电池之间的不一致性降到最低。如果没有充电均衡管理，电池组的充电就像木桶效应一样，要么一个充满就要停止充电，要么就过充电，都是电池组应用的巨大障碍，而充电均衡管理就是要解决这些障碍的。以下面的例子来说明充电均衡的重要意义。

假设由 4 个单体电池（E1、E2、E3、E4）组成电池组，其额定容量 $A_1=A_2=A_3=A_4$，由于电池的自放电系数等因素的不一致导致其初始容量之间存在差异，E2 的初始容量最多，其次分别是 E3、E1、E4。在此初始容量的基础上，对电池进行充电。由于电池组采用的是串联连接方式，对 4 个单体而言，其充电电流大小是一致的。经过一段时间的充电之后，E2 先充满。如果没有均衡管理，安全管理机制会在 E2 充满时停止充电，以防电池发生过充电而引发安全事故，充电示意图如图 3-3-7 所示。

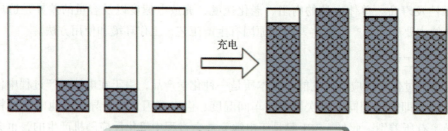

图 3-3-7 未加均衡的充电示意图

加入均衡充电管理后，电量充满的电池可以将能量转移给其他电池，也可以将多余的电量通过电阻等元件消耗掉，使得所有的电池都能充满电量，均衡充电示意图如图 3-3-8 所示。

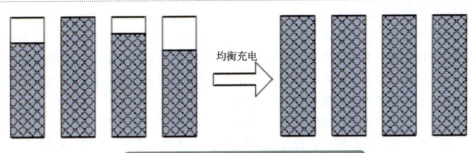

图 3-3-8 均衡充电示意图

4. 常用充电均衡策略

电池组均衡充电管理通过消除每块电池之间的不一致性,进而削弱其对充电的影响,令每块电池都可以达到满状态,并且不会出现过充而损害电池寿命。

一般的充电均衡方法可以划分成两种,一种是能耗型,能耗型是利用电阻或负载等元件消耗多出的能量。另一种是能量转移型,能量转移型是利用过渡环节把能量多的电池能量转移到能量少的电池或电池组,其过渡环节采用的原件有电感、电容和变压器线圈等。

1)旁路电阻充电均衡

旁路电阻均衡法为能耗型均衡方法的一种,如图 3-3-9 所示。每块电池采用电阻的并联分流法来对电量进行消耗,达到均衡的目的。充电均衡的基本原理是首先对每块电池的电压进行采集,然后通过对比电池充电电压的上限阈值,对于高于电压上限的电池则接通电阻对其消耗多处的电量,直到所有电池都达到满状态,则表示充电均衡结束。这种均衡方法比较容易控制,也是采用最多的一种均衡策略,唯一不足就是不够节能。

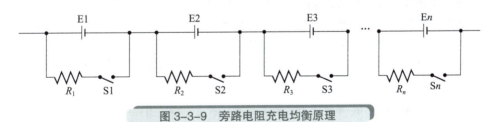

图 3-3-9 旁路电阻充电均衡原理

2)开关电容充电均衡

基于开关电容的转移型充电均衡方法,如图 3-3-10 所示。

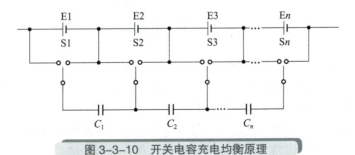

图 3-3-10 开关电容充电均衡原理

串联的电池组每块电池各连接上一单刀双掷开关，并且每个开关之间再外接一电容作为中间存储能量的元件。工作原理同样是先对每块电池的电压进行采集和对比，也是有电压上限阈值的，当超过这个上限电压时，便开始进行充电均衡，通过储能元件把多出的电量转移到电容上，然后再通过电容给相邻的电池充电，如果相邻的电池电压也达到上限，则继续向下一个电池充电，直到所有电池达到满状态停置充电，这种均衡方法只能在相邻的电池之间进行能量转移，因此，如果给不相邻的进行能量转移则需要经过多次的转移，这样大大增加了能量损耗，同时也使充电的速度变慢。总的来说，这种均衡方法更适合单体电池更少的电池组。为了弥补上面这种均衡方法的不足，改良了开关电容的均衡方式，即飞渡电容均衡方式，如图 3-3-11 所示。

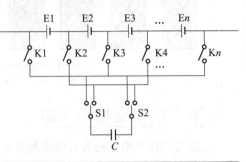

图 3-3-11　飞渡电容充电均衡原理

这种方式只通过一个储能元件就可以达到能量转移的目的，并且能量损失会大大减少，充电速度也明显提升。基本原理是通过开关阵列，把能量最多的电池通过电容转移给能量最少的电池，不必考虑电池之间是否相邻。尽管如此，由于开关阵列比较复杂，能量转移的速度还是会受到限制。

3）变压器充电均衡

变压器充电均衡同样属于能量转移型均衡策略。如图 3-3-12 所示，原理图与改进的飞度电容法相似，把存储能量的电容换成了变压器线圈，也是通过采集每块电池两端电压，并判断电压值是否高于电压上限，若高于电压上限则闭合变压器一次侧两端开关 S，并通过控制开关 K 把多处的能量转移到变压器电感线圈上，最后再转移到能量最低的电池上。相互对比了一下，变压器充电均衡法比以上的均衡方法传递能量的时间大大减小，不足之处就是变压器上面的线圈可能会产生漏感的现象，这种情况下如果利用在电动汽车很可能会影响其他控制设备，很容易发生事故，并且这种均衡方法同样用到复杂开关阵列，增加了电池管理系统设计的负担。

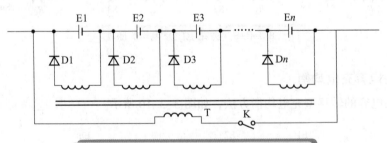

图 3-3-12　共享变压器充电均衡原理

基于以上这些情况，现在想将均衡电路加以改进，以达到简化电路结构的目的，这里就展示了经过改良之后变压器均衡方法，即共享变压器法。如图 3-3-12 所示，把每块电池都并联上变压器的次级电感线圈，而且为便于控制在线圈旁边串联了一个整流二极管，其中每个次级电感线圈都共享同一个变压器磁芯，并且也共享同一个一次侧电感线圈，而一次侧电感线圈和整个电池组构成一个回路。电池充电均衡时，在一次侧线圈发生电磁感应，每个次级线圈皆会出现感应电流，在电池电量很少的情况下，其内阻随之变得很小，进而会产生更大的感应电流，然后电压增加到额定值的时间就越少；在电池电量很多的情况下恰恰与之相反，产生的感应电流很小，电压增加到额定值的时间越长，如此一来就可以实现同步均衡充电，也达到了改进的目的。这种方法解决了开关阵列过于复杂的问题，但也增加了均衡电路的体积，用在电动汽车 BMS 上还是不太方便，还有就是仍存在漏感的现象。

4）开关电源充电均衡

开关电源充电均衡方法是基于电力电子基本电路拓扑所设计的，电源可以通过 Buck-Boost 电路对电池电压进行 DC-DC 变换。本章研究的是充电均衡策略，所以为了设计出适合充电均衡的电路，还应在 Buck-Boost 电路的基础上进行设计，图 3-3-13 所示为设计的 Buck-Boost 充电均衡原理图。

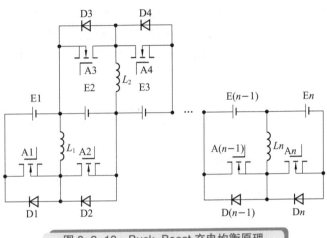

图 3-3-13 Buck-Boost 充电均衡原理

这个均衡电路是把相邻的两块电池组成一个整体的电路模块，对于这些模块都需配置单元的均衡模块，每个均衡模块都由一些元器件构成，主要有电感元件和开关管元件，其中开关管分为两种，一种是 N-MOSFET 开关，一种是续流二极管。

图 3-3-13 所示电路也是一种能量转移型均衡电路，首先采集相邻电池两端电压来获取其基本参数，通过比较相邻电池的电压是否有超过电压上限的电池，如果有，则选取相邻电池中电压高于上限阈值的电池，然后通过储能电感将多出的电能转移到相邻的电池上，同样对其余相邻电池采用相同电能传递方案，能实现电能从高电压电池到低电压电池间输送，从而实现电池组的均衡充电。所以这种均衡电路最符合两个相邻电池之间的均衡。

电路中用来存储能量部件的是电感，具有很高能量传递效率，但也使均衡电路的控制方法变得复杂，需要根据 PWM 来控制开关管的导通与否，顾及的电感元件会发生饱和的情况，因此对某个均衡模块要求其 PWM 占空比需低于百分之五十。

除了上面这种方法，还有与其相似的另一种充电均衡方法，即 Cuk 型充电均衡，如图 3-3-14 所示。此电路由 2 个功率 MOSFET 开关管、2 个不耦合的电感以及电容构成。其基本原理同样是利用电压值的大小来判定相邻电池的能量转移方向，其中功率开关管的作用是控制能量转移方向，假设电压值较大的电池为 E1，则 E1 侧的功率开关管 Q1 会先导通，然后转移能量到储能电感 L_1 上，能量转移过后关断开关管 Q1，电感 L_1 上的能量开始向储能电容 C_1 上，这时功率开关管 Q2 导通，电容 C_1 上的能量向储能电感 L_2 转移，能量转移结束后，关断开关管 Q2，最后电感 L_2 上储存的能量向电池 B2 转移，即完成一次均衡。

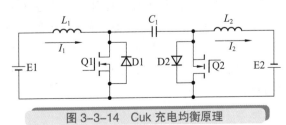

图 3-3-14 Cuk 充电均衡原理

这种方法相比前一种方法大大提高了电池均衡效率。

5) DC-DC 电源充电均衡

通过分析以上几种均衡方法的基本原理和优缺点，这里提出基于 DC-DC 开关电源的一种改进的新充电均衡方法，如图 3-3-15 所示。这个该均衡电路主要含有两种元器件，分别是功率开关管和储能电感，其种功率开关管的数量随着电池数量的增加而增加，假定有 N 个电池，那么组成 DC-DC 充电均衡电路则含有 $2(N+1)$ 个功率开关管。其均衡原理也是利用电池两端电压值的不同来决定是否起动均衡电路，主要的控制元件就是功率开关管，通过它的导通和关断来控制能量转移的方向，即均衡方向。此策略同样需要开关阵列实现均衡充电，但是避免了采用变压器策略中的 EMI，并且兼具基于开关电源策略效率高的特点，与其他策略相比控制器的设计也较为简单。

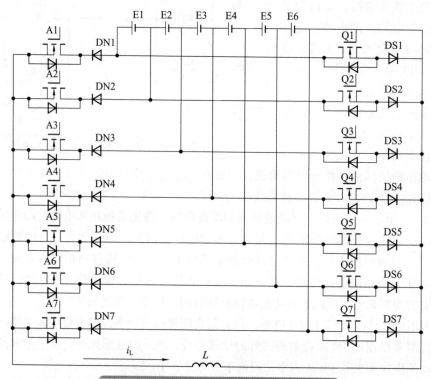

图 3-3-15 DC-DC 电源充电均衡原理

DC-DC 电源充电均衡原理电路如图 3-3-15 所示，图中电池组是由六节电池单元构成。当电池单元 E6 的电压最低时，此时均衡电路将开启向单体电池 E6 充电。均衡电路起动时，开关 A1 和 Q7 导通，电池组向电感 L 充电，电感储存电能，在一定时间之后，开关 A1 和 Q7 关闭，开关 A7 和 Q6 导通，电感 L 释放电能，为电池 E6 充电，E6 电压及电量将会上升。充电均衡是否完成，则由电压最高的电池与电压最低的电池之间的压差决定，在压差小于阈值时，均衡充电过程结束，否则继续上述过程。下文将通过实验来验证该策略的可行性。

三、动力电池的热管理

1. 动力电池热管理的必要性

动力电池的性能对温度变化较敏感，特别是车辆上运用的大容量、高功率锂离子电池。车辆上的装载空间有限，车辆所需电池数目较大，电池均为紧密排列连接。当车辆在高速、低速、加速、减速等交替变换的不同行驶状况下运行时，电池会以不同倍率放电，以不同生热速率产生大量热量，加上时间累积以及空间影响会产生不均匀热量聚集，从而导致电池组运行环境温度复杂多变。由于发热电池体的密集摆放，中间区域必然热量聚集较多，边缘区域较少，增加了电池包中各单位之间的温度不均衡，加剧各电池模块、单体内阻和容量不一致性。如果长时间积累，会造成部分电池过充电和过放电，进而影响电池的寿命与性能，并造成安全隐患。如果电动汽车电池组在高温下得不到及时通风散热，将会导致电池组系统温度过高或温度分布不均匀，最终将降低电池充放电循环效率，影响电池的功率和能量发挥，严重时还将导致热失控，影响电池的安全性与可靠性。因此为了使电池包发挥最佳性能和寿命，需要优化电池包的结构，对它进行热管理，增加散热设施，控制电池运行的温度环境。

2. 散热方式

动力电池的散热方式分为被动方式和主动方式两种。被动系统所要求的成本比较低，采取的措施也较简单。主动系统结构相对复杂一些，且需要更大的附加功率，但它的热管理更加有效。

3. 被动散热

考虑成本、质量、空间的布置，早期在温和气候条件下使用的车辆都是没有使用冷却单元，并且只依靠空气来散热，如图3-3-16所示。

图3-3-16 被动冷却-外部空气流通

目前生产的一些混合电动汽车也是使用环境空气来被动冷却电池包。尽管空气是经过汽车空调冷却的，但它仍然被认为是一种被动系统，如图3-3-17所示。

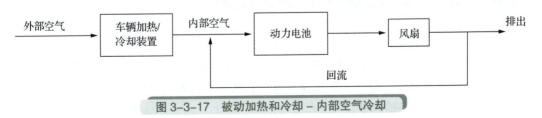

图3-3-17 被动加热和冷却-内部空气冷却

4. 主动冷却

主动冷却指有专用设备通过气体或者液体进行强制流动来对动力电池进行冷却。目前最有效最常用的还是采用空气作为散热介质。目前多采用的空冷主要有并行和串行两种通风方式，如图 3-3-18 所示。这就要求在电池包结构上设计相应导风口，尽量减小空气流动阻力，保证气流的均匀性。

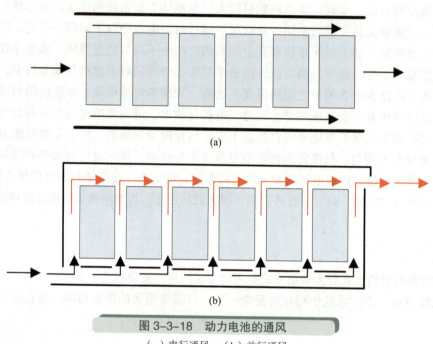

图 3-3-18 动力电池的通风
（a）串行通风；（b）并行通风

串行情况下一般是使空气从电池包一侧流往另外一侧，从而达到带走热量的效果，如图 3-3-18（a）所示，因此气流会将先流过的地方的热量带到后流过的地方，从而导致两处温度不一致且温差较大。而并行情况下模块间空气都是直立上升气流，如图 3-3-18（b）所示，这样能够有效地分配气流，从而保证电池包中各处散热一致。

拓展阅读

四、客车动力电池冷却技术

1. 电池热管理的类型

电池热管设备的选型需要结合车辆使用场景及电池布置位置进行，以满足车辆对电池热管理的要求，确保电池处于"舒适"的工作环境中，从而提高电池使用寿命。下面介绍几种客车常见的电池热管理设备的选型。

1）简易机组

制冷时将空调冷气引入机组内与循环防冻液进行热交换；制热时是电液体式加热器加热循环防冻液。防冻液冷却或加热后进入电池箱，对电池进行热管理，确保电池在控制的温度范围内。与独立机组和非独立机组相比，简易机组成本最低、系统最简单，同时因简易机组无蒸汽压缩式制冷循环，相对来说也最安全。但其冷气来自车辆制冷设备，因此必须安装制冷设备，同时制冷设备刚开始工作时，冷气温度较高，简易机组的制冷能力较差，制冷功率较小，一般小于2 kW。其适合安装于充放电倍率较低的慢充型电池的混合动力客车。

2）独立机组

独立机组自带的压缩机、冷凝器和板式换热器组成制冷循环，其产生的低温低压冷媒在板式换热器内与进入机组内的循环防冻液进行热交换；制热时通过电液体式加热器加热循环防冻液。防冻液冷却或加热后进入电池箱，对电池进行热管理。与非独立机组相比，多了一套单独制冷用的压缩机和冷凝器，成本较高。但由于其系统为一个单独系统，控制逻辑相对于非独立机组较简单，同时冷媒接头数量少，相对也较为安全。独立机组制冷能力可根据需要选择，一般在2 kW以上，适合安装于充放电倍率较高的快充型电池的混合动力和纯电动客车上。

3）非独立机组

通过将另外的制冷设备产生的低温低压的冷媒在板式换热器内与进入机组内的循环防冻液进行热交换；制热时通过电液体式加热器加热循环防冻液，防冻液冷却或加热后进入电池，对电池进行热管理。因此，必须安装制冷设备，且由于变频压缩机的频率有最低值，造成非独立机组产生的功率大，一般6 kW以上。与独立机组相比，存在电池热管理和整车制冷的需求相冲突，因此，其控制逻辑最为复杂。其适合安装于充放电倍率较高的快充型电池的纯电动客车。

2. 电池热管理设备的布置

电池热管理设备的布置与电池布置密切相关，在实际布置时要遵循如下原则：

（1）根据电池顶置、底置和后置状态就近布置电池热管理设备，并尽量避免在所布置状态下存在的缺点。

（2）对于独立式电池热管理设备，安装时要增加减振胶垫，并且要确保冷凝器的进风和出风要通畅，不允许回流现象发生；对于简易热管理设备，冷空气要从整车制冷设备的风道引取，从冷风道引风的位置应尽可能靠近整车制冷设备的蒸发器出口处。

（3）加快电池箱水冷板内部防冻液循环的水泵进水口要尽可能靠近定压和为水冷却循环系统加防冻液的膨胀水箱，膨胀水箱要位于电池冷却系统的最高位置，且需要增加排气管装置，用于排除防冻液在加热或者降温过程中释放出来的空气，避免加防冻液困难。

（4）对于多组电池冷却，为了减小不同电池内部分温差，流经电池箱的水路要尽量采用并联方式，且单一支路最大不能超过3块电池箱。

（5）如选装PTC电液体加热器，需要将其布置在水泵之后水路循环较低位置，禁止置于水路循环的最高点。

（6）水管路要尽可能短，且尽量大的转弯半径；管路增加保温措施，减少防冻液在管路运输中的热损失；管路接头应采用不锈钢或尼龙材料，不使用铜材，避免铜锈腐蚀电池箱内的冷却板，确保电池不发生泄漏。

（7）要考虑热管理设备检修方便性。

电池热管理通用原理图如图3-3-19所示。

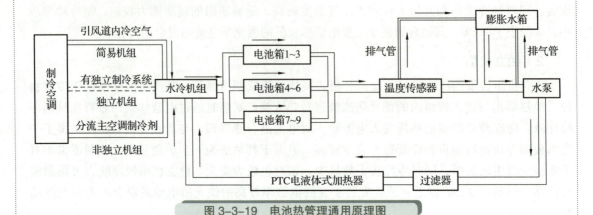

图3-3-19 电池热管理通用原理图

实践技能

五、电池热管理控制器更换

1. 准备工作

（1）穿戴好工服、绝缘鞋；

（2）打开车门，安装方向盘套、地板垫、座椅套；

（3）拉起前舱盖开启手柄，打开前舱盖；

（4）安装翼子板布、前格栅布；

（5）确定电源挡位在 OFF 挡；

（6）断开蓄电池负极。

2. 电池热管理控制器的更换

（1）拔下电池热管理控制器插头，如图3-3-20所示；

（2）拆下电池热管理控制器安装架固定螺栓；

（3）取下电池热管理控制器及安装架，如图3-3-21所示；

（4）从安装架上拆下热管理控制器，如图3-3-22所示；

图3-3-20 拔下电池热管理控制器插头

图 3-3-21 取下电池热管理控制器及安装架

图 3-3-22 拆下热管理控制器

（5）安装新的热管理控制器；
（6）安装电池热管理控制器及安装架；
（7）插上电池热管理控制器插头。

3. 现场复位

（1）取下前格栅布、翼子板布；
（2）关闭机舱盖；
（3）取下方向盘套、地板垫、座椅套，关闭车门。

单元小结

（1）电池 SOC（State of Charge，SOC）又称电池的荷电状态，通常指电池当前剩余电量与相同的放电条件下电池的额定容量的比值，因此电池 SOC 也称电池的剩余电量。

（2）加入均衡充电管理后，电量充满的电池可以将能量转移给其他电池，也可以将多余的电量通过电阻等元件消耗掉，使得所有的电池都能充满电量。

（3）动力电池的散热方式分为被动方式和主动方式两种。被动系统所要求的成本比较低，采取的措施也较简单。主动系统结构相对复杂一些，且需要更大的附加功率，但它的热管理更加有效。

参考文献

[1] 孔超. 纯电动汽车电池及管理系统拆装与检测[M]. 北京：机械工业出版社，2018.

[2] 赵春洋. 10kW电动汽车车载充电机及其软件策略研究[D]. 哈尔滨：哈尔滨工业大学，2019.

[3] 詹天霞. 高性能数字控制电动汽车车载充电机的研究与设计[D]. 杭州：浙江大学，2019.

[4] 权保同. 具有PFC的电动汽车车载充电机的研究[D]. 淮南：安徽理工大学，2019.

[5] 程刚. 大功率直流快充充电桩关键技术的研究[D]. 西安：西安工程大学，2018.

[6] 曹蕊. 电动汽车充电桩控制系统的设计与实现[D]. 西安：西安理工大学，2018.

[7] 李瑞新. 电动汽车交流充电桩及管理系统的设计[D]. 呼和浩特：内蒙古大学，2019.

[8] 王洁. 电动汽车交流充电桩及其计费管理系统设计[D]. 曲阜：曲阜师范大学，2018.

[9] 张巍. 纯电动汽车电池管理系统的研究[D]. 北京：北京交通大学，2018.

[10] 潘晨. 纯电动汽车分布式电池管理系统的研究[D]. 镇江：江苏大学，2018.

[11] 王建南. 电动汽车电池管理系统研究[D]. 淮南：安徽理工大学，2018.

[12] 李心成. 电动汽车动力电池的SOC估计与均衡技术研究[D]. 洛阳：河南科技大学，2019.

[13] 杨亭亭. 电动汽车动力电池管理系统的设计[D]. 大连：大连交通大学，2018.

[14] 姜国权. 电动汽车动力电池管理系统的研究[D]. 上海：上海交通大学，2009.

[15] 洪润琦. 电动汽车动力电池管理系统设计与实现[D]. 哈尔滨：哈尔滨工业大学，2018.

[16] 于超. 电动汽车绝缘电阻监测方法研究[D]. 济南：齐鲁工业大学，2019.

[17] 褚彪. 电动汽车锂电池荷电状态估算及均衡控制策略研究[D]. 赣州：江西理工大学，2019.

[18] 李林阳. 电动汽车锂离子电池管理系统研究[D]. 西安：西安科技大学，2018.

[19] 周嘉. 锂离子电池管理系统的研究[D]. 淮南：安徽理工大学，2019.

[20] GBT 24347—2009，电动汽车DC/DC变换器[S]. 北京：中国标准出版社，2009.

[21] QCT 897—2011，电动汽车用电池管理系统技术条件[S]. 北京：中国计划出版社，2012.

[22] QCT 895—2011，电动汽车用传导式车载充电机[S]. 北京：中国计划出版社，2012.

[23] GB/T 20234，电动汽车传导充电用连接装置[S]. 北京：中国标准出版社，2015.

目 录

学习情境 1　电源及充电系统检查 …………………………………………………… 1
　任务工单 1.1　充电装置的使用 ………………………………………………………… 1
　任务工单 1.2　交流充电桩的安装与调试 ……………………………………………… 4
　任务工单 1.3　车载充电机检查 ………………………………………………………… 7
　任务工单 1.4　DC-DC 变换器的检查 ………………………………………………… 10

学习情境 2　动力电池的更换 …………………………………………………………… 13
　任务工单 2.1　动力电池的更换 ………………………………………………………… 13
　任务工单 2.2　动力电池内部认知 ……………………………………………………… 17

学习情境 3　动力电池的检测 …………………………………………………………… 20
　任务工单 3.1　电池管理系统认知 ……………………………………………………… 20
　任务工单 3.2　动力电池的状态监测 …………………………………………………… 23
　任务工单 3.3　动力电池的管理 ………………………………………………………… 27

学习情境 1　电源及充电系统检查

任务工单 1.1　充电装置的使用

任务名称	充电装置的使用	学　时	4	班　级	
学生姓名		学生学号		任务成绩	
实训设备、工具及仪器	比亚迪 e5 纯电动汽车 4 辆，交流充电桩 4 台	实训场地	理实一体化教室	日　期	
客户任务描述	客户买了一辆新的比亚迪 e5 电动汽车，需要给客户示范安全规范的充电				
任务目的	能够与人沟通并建立良好关系，能够正确、规范地对纯电动汽车进行充电操作				

一、资讯

1. 充电是指将_____调整为校准的电压/电流，为电动汽车动力电池提供_____，也可额外地为_____供电。

2. 将电动汽车连接到交流电网（电源）时，在电源侧使用了符合标准要求的插头插座，在电源侧使用了相线、中性线和接地保护的导体，这种模式称为_____。

3. 将电动汽车连接到交流电网（电源）时，使用了专用供电设备，将电动汽车与交流电网直接连接，并且在专用供电设备上安装了控制导引装置，这种模式称为_____。

4. 车上充电系统一般包括：_____、车载充电机、_____、动力电池、电池管理器等。

5. 慢充充电也称为_____或_____方式，指用充电连接线将电动汽车和交流充电装置连接进行充电的方式。

6. 充电电流有_____A 和_____A 两种，用户在使用该类充电方式时一定要注意所用插座允许使用的最大电流，以免发生危险。

7. 标出下图中各电子的名称和作用。

学习情境1　电源及充电系统检查

8. 对于锂离子电池，充电过程一般分为三个阶段：_____、_____和恒压充电阶段。

9. 预充电阶段是电池电压_____时，电池不能承受大电流的充电，这时有必要以_____对电池进行浮充，主要是完成对过放电的锂电池进行_____。

10. 标出快充口各端子的名称和作用。

二、计划与决策

请根据任务要求，确定所需要的仪器、工具，并对小组成员进行合理分工，制定详细的工作计划。

1. 需要的检测仪器、工具

2. 小组成员分工

3. 计划

三、实施

1. 打开后备厢盖，取出_____连接线。
2. 打开车门，拉起_____，打开前格栅，拉动_____，打开机舱；并进行下电操作。
3. 将_____插入供电端，_____点亮。
4. 打开充电枪盖，打开_____，按下充电枪按钮，插入_____。
5. 松开充电枪按钮，此时适配器上_____闪；打开车门，仪表盘上会显示_____、充电电压、_____以及剩余电量。
6. 当充电完成时，按下_____，拔出充电枪，盖上充电枪盖，盖上慢充口内盖和外盖，从供电端拔下三相插头，收起_____整理后放入_____。

四、检查

1. 检查设备是否收好＿＿＿＿＿＿＿＿＿＿＿＿＿＿＿＿＿＿＿＿＿＿＿＿＿＿＿＿。
2. 检查车辆是否充满＿＿＿＿＿＿＿＿＿＿＿＿＿＿＿＿＿＿＿＿＿＿＿＿＿＿＿＿。

五、评估

1. 请根据自己任务完成的情况，对自己的工作进行自我评估，并提出改进意见。

（1）＿＿＿＿＿＿＿＿＿＿＿＿＿＿＿＿＿＿＿＿＿＿＿＿＿＿＿＿＿＿＿＿＿＿＿＿
＿＿＿＿＿＿＿＿＿＿＿＿＿＿＿＿＿＿＿＿＿＿＿＿＿＿＿＿＿＿＿＿＿＿＿＿＿＿＿

（2）＿＿＿＿＿＿＿＿＿＿＿＿＿＿＿＿＿＿＿＿＿＿＿＿＿＿＿＿＿＿＿＿＿＿＿＿
＿＿＿＿＿＿＿＿＿＿＿＿＿＿＿＿＿＿＿＿＿＿＿＿＿＿＿＿＿＿＿＿＿＿＿＿＿＿＿

（3）＿＿＿＿＿＿＿＿＿＿＿＿＿＿＿＿＿＿＿＿＿＿＿＿＿＿＿＿＿＿＿＿＿＿＿＿
＿＿＿＿＿＿＿＿＿＿＿＿＿＿＿＿＿＿＿＿＿＿＿＿＿＿＿＿＿＿＿＿＿＿＿＿＿＿＿

2. 工单成绩（总分为自我评价、组长评价和教师评价得分值的平均值）

自我评价	组长评价	教师评价	总分

任务工单1.2 交流充电桩的安装与调试

任务名称	交流充电桩的安装与调试	学 时	4	班 级	
学生姓名		学生学号		任务成绩	
实训设备、工具及仪器	交流充电桩实训台4套，绝缘测试仪4套，绝缘工具4套、万用表4个	实训场地	一体化教室	日 期	
客户任务描述	小王在新能源汽车充电桩公司工作，今天需要组装一台交流充电桩				
任务目的	请根据任务要求制定工作计划，安全、规范的进行交流充电桩的安装与调试				

一、资讯

1. 充电模式3是指：将电动汽车连接到_____时，使用了专用供电设备，将电动汽车与交流电网直接连接，并且在_____上安装了控制导引装置。这种形式即为采用_____的充电方式。

2. 交流充电桩是一种可以和_____相连接，通过_____对电动汽车电池进行电能补给的一种安装在_____的装置。交流充电桩本身并不具备_____，其只是单纯提供电力输出，还需要连接电动汽车_____，方可起到为电动汽车电池充电的作用。

3. 单项充电桩的最大额定功率在_____kW左右，主要适用于为小型乘用车（纯电动汽车或可插电混合动力电动汽车）充电。根据车辆配置电池容量，充满电的时间一般需要_____个小时。

4. 交流充电桩可以实现_____,_____（按充电金额、时间、电量、预约定时进行充电以及自动充电等），_____,_____保护等功能。

5. 对充电桩的基本要求如下：充电桩必须能够_____,并具有操作简单、_____准确、无人值守及_____等功能。

6. 目前交流充电桩的电能计量设计上主要有两种形式，一种是围绕_____开发的交流充电桩，另一种是围绕_____开发的交流充电桩。

7. 市面上流行的电能表主要分为两大类，_____式和_____式电能表，_____式电能表利用了电磁感应，将用电过程中的电参数转化为磁力矩，进而带动计度器的转动。

8. 智能卡是一种将_____嵌入塑料卡中制作而成的，可以实现相应的结算功能的卡，其内包含一个_____,使用时通常需要和读写器进行数据交换。智能片又称为_____卡。

9. 在充电连接过程中，首先接通_____插头，最后接通_____触头与充电连接确认触头。在脱开的过程中，首先断开_____与_____触头，最后断开_____触头。

任务工单 1.2 交流充电桩的安装与调试

二、计划与决策

请根据任务要求，确定所需要的仪器、工具，并对小组成员进行合理分工，制定详细的安装与调试流程和计划。

1. 需要的仪器、工具

2. 小组成员分工

3. 安装与调试计划

三、实施

安装流程如下：

1. 准备工作，检查相关线束和充电桩柜体；
2. 安全防护，穿戴必要的安全防护装备；
3. 安装_____；
4. 安装_____；
5. 安装_____；
6. 安装急停开关；
7. 安装_____；
8. 安装限位卡；
9. 安装_____；
10. 安装_____；
11. 安装辅助继电器模块；
12. 安装接线排；
13. 安装_____；
14. 安装_____；
15. 安装_____；
16. 安装交流接触器模块；
17. 连接各类线束；
18. 检查 L 与 N 线通断；
19. 测量接地电阻值，要求小于 1 Ω；
20. 12 V 电源线短路检查。

学习情境 1　电源及充电系统检查

调试具体流程如下：
1. 检测供电环境是否正常；
2. 未合闸时电源电压检查；
3. 灯板通电检查（自检系统）；
4. _____电压检查；
5. _____检查；
6. 紧急停机检查；
7. _____通电检查；
8. 参数设置：时间设置和负载设置；
9. 自动充电测试（重启刷卡_____次）；
10. 按时间充电测试（_____min）；
11. 按金额充电测试（0.02元）；
12. 按电量充电测试（0.01度）；
13. 重启充电桩查询；
14. 复位工位。

通过上述过程，请总结充电桩安装与调试过程中需要注意的事项：
（1）_____
（2）_____
（3）_____

四、检查

通过检查，判断交流充电桩工作是否正常_____。

五、评估

1. 请根据自己任务完成的情况，对自己的工作进行自我评估，并提出改进意见。
（1）_____
（2）_____
（3）_____

2. 工单成绩（总分为自我评价、组长评价和教师评价得分值的平均值）

自我评价	组长评价	教师评价	总分

任务工单 1.3　车载充电机检查

任务名称	车载充电机检查	学　时	4	班　级	
学生姓名		学生学号		任务成绩	
实训设备、工具及仪器	比亚迪 e5 纯电动汽车 4 辆，故障诊断仪 4 台	实训场地	理实一体化教室	日　期	
客户任务描述	客户的新能源车在家不能利用家用电正常充电，需要对车载充电机进行数据流读取以确定其状态				
任务目的	能够与人沟通并建立良好关系，能够正确、规范地对纯电动汽车进行充电操作				

一、资讯

1. 车载充电机是固定安装在＿＿＿＿＿车上，将＿＿＿＿＿的电能变换车载储能装置所要求的＿＿＿＿＿，并给车载储能装置充电的装置。
2. 根据结构不同可以分为＿＿＿＿＿、双向车载充电机、＿＿＿＿＿。＿＿＿＿＿拓扑结构多样、控制简单。双向车载充电机拓扑简单，开关器件数目多，控制复杂，体积较大。＿＿＿＿＿式车载充电机利用了电动汽车自身驱动系统的功率电路部分，相对减小了体积和质量，但其性能受＿＿＿＿＿限制。
3. 单级式车载充电机输入交流电经过＿＿＿＿＿变换为直流电，然后直接为电动汽车＿＿＿＿＿供能。
4. 车载充电机由＿＿＿＿＿接口、＿＿＿＿＿、控制单元、＿＿＿＿＿接口等部分组成，充电过程中宜由车载充电机提供＿＿＿＿＿、充电接触器、＿＿＿＿＿、冷却系统等低压用电电源。
5. 车载充电机的＿＿＿＿＿与其＿＿＿＿＿比值的百分数称为充电效率。
6. 简述车载充电机输出电路工作过程。

学习情境 1　电源及充电系统检查

二、计划与决策

请根据任务要求，确定所需要的仪器、工具，并对小组成员进行合理分工，制定详细的工作计划。

1. 需要的检测仪器、工具

2. 小组成员分工

3. 计划

三、实施

1. 准备工作

（1）穿戴好工服；

（2）打开车门，安装_____。

2. 静态数据流读取

（1）安装_____，接口位于_____。

（2）踩下_____，启动车辆。

（3）开启_____。

（4）依次选择：新能源 – 比亚迪 –e5– 诊断 – 控制单元 –_____ –_____。

（5）选择读_____，进行车载充电机的_____读取。

（6）选择_____，选择：输入侧交流电压、高压侧输入电压、交流侧频率、PWM 波占空比、12 V 输出电压，单击_____，读取数据流。

数据流显示：交流侧输入电压为_____V，高压侧输出电压为_____V，即高压动力电池的电压为_____V。交流侧频率为_____Hz，PWM 波占空比为_____%，12 V 输出电压为_____V。

（7）退出诊断系统，关闭故障诊断仪并拔下诊断插头。

3. 动态测试

（1）打开充电口前进气格栅，打开_____，连接交流充电枪对车辆进行充电。

（2）安装并开启_____。

（3）依次选择：新能源 – 比亚迪 –e5– 诊断 – 控制单元 – 动力模块 – 车载充电机。

（4）选择_____，进行车载充电机的_____读取。

（5）选择_____读取，选择：输入侧交流电压、高压侧输入电压、交流侧频率、PWM 波占空比、12 V 输出电压、本次累计充电量、交流侧功率，单击_____，读取数据流。

数据流显示：交流侧输入电压为_____V，即对车辆充电时外部输入交流电压为_____V。高压侧输出电压为_____V，即以_____V给动力电池进行充电；交流侧频率为_____Hz；PWM 波占空比为_____%，充电时通过改变占空比来控制输出电压和输出频率；_____V 输出电压为_____V；本次累计充电量为_____，交流充电线规格为_____V，_____A；交流侧功率为_____W。

任务工单 1.3 车载充电机检查

4. 复位工作
（1）退出诊断系统，关闭故障诊断仪并拔下诊断插头。
（2）按下交流充电枪按钮，拔下充电枪，关闭充电口内盖。
（3）关闭前进气栅格。
（4）整理充电枪并放入后备厢相应位置。
（5）取下三件套。

四、检查
1. 检查设备是否收好_____。
2. 检查车辆是否正常_____。

五、评估
1. 请根据自己任务完成的情况，对自己的工作进行自我评估，并提出改进意见。
（1）_____
_____
（2）_____
_____
（3）_____

2. 工单成绩（总分为自我评价、组长评价和教师评价得分值的平均值）

自我评价	组长评价	教师评价	总分

任务工单1.4　DC-DC变换器的检查

任务名称	DC-DC变换器的检查	学　时	4	班　级	
学生姓名		学生学号		任务成绩	
实训设备、工具及仪器	比亚迪e5纯电动汽车4辆，万用表4台	实训场地	理实一体化教室	日　期	
客户任务描述	一辆新的比亚迪e5电动汽车，低压蓄电池电压过低，怀疑DC-DC变换器故障，需要进行测量				
任务目的	能够与人沟通并建立良好关系，能够正确、规范地对纯电动汽车DC-DC变换器进行检查				

一、资讯

1. DC-DC变换器（DC-DC Converter）是指在_____中将一个电压值的_____变换为另一个电压值的电能的装置。
2. 纯电动汽车上至少带有_____个电池，一个是_____的动力电池，一个是给_____供电的蓄电池，电压为_____左右。DC-DC变换器的作用就是将_____输出给低压蓄电池进行充电和供给_____使用。
3. DC-DC变换器的作用有_____、_____、_____、_____。
4. 按照是否电气隔离可分为_____DC-DC变换器和_____DC-DC变换器。
5. 纯电动汽车中的车身电气大多数采用了_____V供电，因此需要动力电池将高压直流电转化为_____V低压对车身电气供电，并对蓄电池进行充电。
6. DC-DC变换器的_____与其_____及附属设备（风扇、控制器等）消耗的功率之和的比值称为效率。
7. 在规定的环境条件、负载状态和温升限度下，DC-DC变换器规定的输出工作电压值称为_____。
8. 电气隔离，就是将电源与_____做电气上的隔离，即将用电的_____与整个电气系统隔离，使之成为一个在_____、_____安全系统，以防止在裸露导体故障带电情况下发生间接触电危险。实现电气隔离以后，两个电路之间没有电气上的直接联系。

任务工单 1.4　DC-DC 变换器的检查

二、计划与决策

请根据任务要求，确定所需要的仪器、工具，并对小组成员进行合理分工，制定详细的工作计划。

1. 需要的检测仪器、工具

2. 小组成员分工

3. 计划

三、实施

1. 穿戴好工服、绝缘鞋。
2. 打开车门，安装_____。
3. 拉起_____。
4. 打开_____。
5. 安装_____。
6. 用_____测量蓄电池电压，电压为_____V。
7. 举升车辆到车轮_____。
8. 踩下_____。
9. 按下_____。
10. 打开大灯，等待_____min，确保 DC-DC 开始工作。
11. 用万用表测量 DC-DC 输出电压，电压为_____V，DC-DC 工作正常。
12. 收起万用表，关闭_____，关闭_____，降下车辆。
13. 取下_____。
14. 关闭前机舱盖。
15. 取下_____。
16. 关闭车门。

四、检查

1. 检查设备是否收好_____。
2. 检查车辆是否充满_____。

五、评估

1. 请根据自己任务完成的情况，对自己的工作进行自我评估，并提出改进意见。

（1）_____

_____

（2）_____

_____

（3）_____

_____

2. 工单成绩（总分为自我评价、组长评价和教师评价得分值的平均值）

自我评价	组长评价	教师评价	总分

学习情境 2 动力电池的更换

任务工单 2.1 动力电池的更换

任务名称	动力电池的更换	学 时	4	班 级	
学生姓名		学生学号		任务成绩	
实训设备、工具及仪器	比亚迪 e5 纯电动汽车 4 辆，举升机 4 台、工具 4 套、举升平台 4 个	实训场地	理实一体化教室	日 期	
客户任务描述	动力电池损坏，需进行动力电池的更换				
任务目的	能够与人沟通并建立良好关系，能够正确、规范地对纯电动汽车进行充电操作				

一、资讯

1. 电动汽车动力电池是电动汽车的_____，是能量的_____，是为电动汽车日常行驶提供的唯一来源，是电动混合动力汽车的_____能量来源，能够将电能输出转换为其他形式的能量，并_____。

2. 电动汽车动力电池从系统的角度可以分为_____、_____和生物电池三大类。

3. 锂离子电池性能比较高，_____大，_____高。自放电小，没有_____效应，工作温度范围为_____℃，循环性能优越、可快速充放电、充电效率高达_____，而且输出功率大，使用寿命长，没有_____污染，被称为_____。

4. 根据正极材料的不同，锂离子电池可以被分成许多种类，主流应用的有：_____、锰酸锂电池、_____及_____等。

5. 三元锂电池的充电截止电压在_____V 左右，放电截止电压在_____V 左右。三元锂电池单体电池标称电压为_____。

6. 磷酸铁锂电池的放电特性可以看出如果 3.5 V 时开始放电，初期电压下降速度很快，迅速下降到_____V 左右，随后慢慢下降，直到_____V 左右。

7. 锂离子电池主要构成为_____、_____、_____以及外壳。

8. 指出图中各个部分的作用。

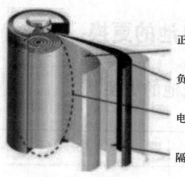

正极
负极
电解液
隔膜

二、计划与决策

请根据任务要求，确定所需要的仪器、工具，并对小组成员进行合理分工，制定详细的工作计划。

1. 需要的检测仪器、工具

2. 小组成员分工

3. 计划

三、实施

1. 准备工作
（1）穿戴好工服、绝缘鞋。
（2）打开车门，安装_____。
（3）拉起前舱盖开启手柄，打开_____，安装翼子板布、格栅布。

2. 放水操作
（1）打开_____。
（2）举升车辆。
（3）拔下_____进行放水。
（4）拔下_____进行放水。

任务工单 2.1 动力电池的更换

3.拆卸动力电池
（1）佩戴绝缘手套。
（2）拆下_____。
（3）拆下_____。
（4）将动力电池_____推至车下部。
（5）对准动力电池_____部位。
（6）锁住举升平台_____。
（7）升起_____直至接近动力电池。
（8）再次检查_____是否对齐动力电池中间部位。
（9）举升该平台直到轻轻托起_____。
（10）使用 M18 的套筒卸掉周边_____个固定螺栓。
（11）降下举升平台。
（12）卸下_____。

4.安装动力电池
（1）将新的动力电池包放到举升设备上推至车体_____。
（2）锁住举升平台_____。
（3）升起举升平台。
（4）检查_____是否对齐。
（5）如果不能对齐，则微调举升平台直至_____正好对齐。
（6）安装固定螺栓，力矩为_____ N·m。
（7）佩戴绝缘手套。
（8）安装动力电池_____插接件。
（9）安装_____插接件。
（10）降下举升平台。
（11）松开脚轮并将_____推出。
（12）安装_____接头。
（13）降下车辆。
（14）往动力电池冷却水桶加注_____至合适的液面高度。
（15）上电，启动车辆。
（16）保持一段时间后检查_____是否下降。
（17）如下降则补充冷却水至_____。

5.恢复现场
（1）取下三件套。
（2）取下_____。
（3）关闭前机舱盖。
（4）打开车门，取下方向盘套、座椅套、地板垫。
（5）关闭车门。

四、检查

1.检查设备是否收好_____。
2.检查车辆是否正常_____。

学习情境2 动力电池的更换

五、评估

1. 请根据自己任务完成的情况，对自己的工作进行自我评估，并提出改进意见。

（1）_____

（2）_____

（3）_____

2. 工单成绩（总分为自我评价、组长评价和教师评价得分值的平均值）

自我评价	组长评价	教师评价	总分

任务工单 2.2 动力电池内部认知

任务名称	动力电池内部认知	学 时	4	班 级	
学生姓名		学生学号		任务成绩	
实训设备、工具及仪器	比亚迪 e5 纯电动汽车动力电池 4 个，万用表 4 个	实训场地	理实一体化教室	日 期	
客户任务描述	客户买了一辆新的比亚迪 e5 电动汽车，需要给客户示范安全规范的充电				
任务目的	能够与人沟通并建立良好关系，能够正确、规范地对纯电动汽车进行充电操作				

一、资讯

1. 动力电池主要由两大部分组成，即_____和_____。其中电池管理系统相当于动力电池的_____，主要对_____进行检测、对_____等进行管理，主要包括电池信息采集器、_____等。电池本体部分主要由_____、_____及其他_____等部分组成。

2. 比亚迪 e5 动力电池输出电压为_____左右，容量为_____A·h，额定容量为_____kW·h。该电池由_____个电池模组串联组成。

3. 单体电池指构成动力电池模块的最小单元，一般由_____、_____、电解质及外壳等构成，可实现电能与化学能之间的直接转换。磷酸铁锂单体电池电压为_____V 左右，三元锂单体电池电压为_____V 左右。

4. 为了提高容量，将多个单体电池进行并联就得到了_____。_____是电池单体在物理结构和电路上连接起来的最小分组，其电压与_____电压相同，其容量为_____容量与并联的单体电池数量的乘积。

5. 电池模组指多个_____串联组成的一个组合体模组。电池模组是组成_____的分组，其电压为_____的电压与串联在一起的电池模块数量的_____，其容量与电池模块的容量相等。

6. 动力电池的电压等于_____的所有电池模组的和，其容量与单格电池模组的容量_____。例如某电动汽车动力电池由 10 个电池模组串联组成了一个动力电池包，每个模组的电压为 32 V，容量为 80 A·h，因此动力电池的电压为_____V，动力电池的容量为_____A·h。

7. 电动汽车电池管理系统是汽车动力电池和电动汽车之间的重要纽带，主要功能包括：监测_____的电压；控制_____；观测_____；估算电池的_____；与整车监控系统、车载充电机进行_____；协调控制和优化电动汽车的_____等。

8. 辅助器件主要包括动力电池系统内部的_____以及接口，如_____、_____、分流器、_____、烟雾传感器等、_____以及_____以外的_____，如密封条、绝缘材料等。

9. 电动汽车用动力电池基本性能指标主要有：_____、容量、_____、功率、_____、自放电率等。

学习情境2 动力电池的更换

二、计划与决策

请根据任务要求，确定所需要的仪器、工具，并对小组成员进行合理分工，制定详细的工作计划。

1. 需要的检测仪器、工具

2. 小组成员分工

3. 计划

三、实施

1. 准备工作

穿戴好工服、绝缘鞋。

2. 电池认知

（1）比亚迪 e5 动力电池，包含上盖和＿＿＿＿＿＿＿，上盖与下箱体胶封在一起。

（2）直流母线接口包含＿＿＿＿＿＿＿和＿＿＿＿＿＿＿两个端子。

（3）直流母线正负端子之间有＿＿＿＿＿＿＿端子。

（4）＿＿＿＿＿＿＿用来和外部进行通信。

（5）动力电池上部中间橙色部位为＿＿＿＿＿＿＿。

（6）拔下维修开关，打开动力电池上盖，可以看到＿＿＿＿＿＿＿。

（7）分块取下隔热棉后，可以看到＿＿＿＿＿＿＿，两侧分别连接了＿＿＿＿＿＿＿和＿＿＿＿＿＿＿。

（8）动力电池前端有冷却液＿＿＿＿＿＿＿和冷却液＿＿＿＿＿＿＿。

（9）动力电池前端有＿＿＿＿＿＿＿，位于低压通信接口侧面。

（10）电池内部有＿＿＿＿＿＿＿个动力电池模组。

（11）电池内部有动力电池＿＿＿＿＿＿＿，冷却水从进水口流入，对各个电池进行冷却后，通过出水口流出。

（12）动力电池内部有＿＿＿＿＿＿＿，各个动力电池的电压、温度、绝缘等信号通过这些数据采集线进入＿＿＿＿＿＿＿。

（13）动力电池内部有信息采集盒，采集盒通过总线连接＿＿＿＿＿＿＿。

（14）维修开关上有＿＿＿＿＿＿＿。

（15）插上维修开关，用万用表测量正负极汇流排之间的电压，为＿＿＿＿＿＿＿V。测量12号电池模组的电压为＿＿＿＿＿＿＿V。

（16）用万用表测量7号电池模组的电压为＿＿＿＿＿＿＿V。

（17）用万用表测量3号电池模组电压为＿＿＿＿＿＿＿V，动力电池电压为上述13个电压串联而成，因此总电压为：＿＿＿＿＿＿＿V。

四、检查

1. 检查设备是否收好_____。

2. 检查电池是否整理_____。

五、评估

1. 请根据自己任务完成的情况,对自己的工作进行自我评估,并提出改进意见。

（1）_____

_____

（2）_____

_____

（3）_____

2. 工单成绩（总分为自我评价、组长评价和教师评价得分值的平均值）

自我评价	组长评价	教师评价	总分

学习情境 3 动力电池的检测

任务工单 3.1 电池管理系统认知

任务名称	电池管理系统认知	学　时	4	班　级	
学生姓名		学生学号		任务成绩	
实训设备、工具及仪器	比亚迪 e5 纯电动汽车 4 辆，组合工具 4 套	实训场地	理实一体化教室	日　期	
客户任务描述	一辆比亚迪 e5 电动汽车，需要对电池管理器进行更换				
任务目的	能够与人沟通并建立良好关系，能够正确、规范地对纯电动汽车进行电池管理器更换				

一、资讯

1. 电池管理系统是为了合理的_____，也是电动汽车安全行驶的必要条件。其主要功能是_____。主要由五大部分组成，分别是：_____、电池均衡管控、_____、安全管理以及温度控制等。

2. 电池状态的监测包括_____、_____、_____等；电池状态评估包括剩余_____及电池老化评估等。电池的状态监测主要进行电池信息的采集，目前，信息采集系统有三种拓扑结构，分别为：_____、_____、_____。

3. 比亚迪 e5 电池管理系统采用_____式电池管理系统，由_____、电池信息采集器、_____组成。

4. 电池均衡管控是_____组成部分。由多个不同的电池构成，电池不均衡则不仅降低电池的寿命，而且会导致整个电池组的_____大大降低，为了消除这些弊端就必须消除或避免电池的不一致性，因此_____是电池管理系统中不可或缺的一部分。

5. 电池剩余电量估计也是_____关键技术的组成部分，电池剩余电量就类似于燃油汽车的油表盘，通过_____，可以实时了解电动汽车_____的使用情况，并估计_____里程。电池剩余电量通常可用_____表示，数值一般以_____形式显示。

6. 通信功能是实现信息交互，是连接汽车设备与_____的媒介，目前常用的通信方式是通过_____总线，主要进行数据传递，_____总线具有传递效率高、_____和传输速度快等优点。除此之外，电池管理系统内部也需要进行数据交互，一般采用_____或者 RS232 通信。

7. 描述典型 BMS 的拓扑结构。

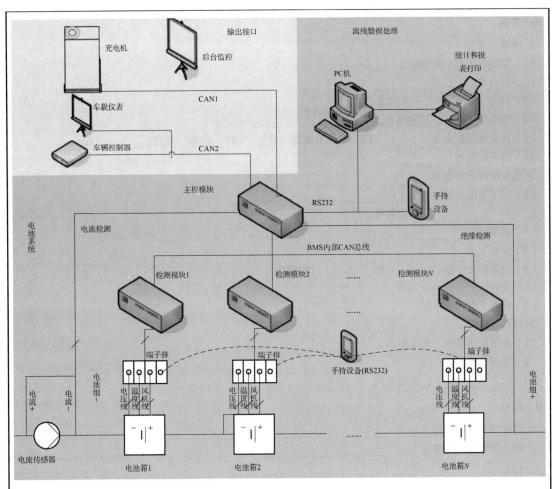

二、计划与决策

请根据任务要求,确定所需要的仪器、工具,并对小组成员进行合理分工,制定详细的工作计划。

1. 需要的检测仪器、工具

2. 小组成员分工

3. 计划

学习情境3 动力电池的检测

三、实施

1. 准备工作

（1）穿戴好工服、绝缘鞋。

（2）打开车门，安装_____。

（3）拉起_____，打开前舱盖。

（4）安装翼子板布、前格栅布。

（5）将电源挡位退至_____挡，确保电源挡位处于"OFF"位置，等待_____min。

（6）断开蓄电池_____。

2. 电池管理器的更换

（1）拔下电池管理控制器上的_____。

（2）拆下_____个固定螺母，取下_____。

（3）更换新的_____。

（4）安装三个_____。

（5）安装动力电池_____和_____插接件。

（6）安装_____。

（7）检查上电是否正常。

3. 现场复位

（1）取下前格栅布、翼子板布。

（2）关闭机舱盖。

（3）取下_____，关闭车门。

四、检查

1. 检查设备是否收好_____。

2. 检查车辆是否正常_____。

五、评估

1. 请根据自己任务完成的情况，对自己的工作进行自我评估，并提出改进意见。

（1）_____

（2）_____

（3）_____

2. 工单成绩（总分为自我评价、组长评价和教师评价得分值的平均值）

自我评价	组长评价	教师评价	总分

任务工单 3.2　动力电池的状态监测

任务名称	动力电池的状态监测	学　时	4	班　级	
学生姓名		学生学号		任务成绩	
实训设备、工具及仪器	比亚迪 e5 纯电动汽车 4 辆，故障诊断仪 4 台	实训场地	理实一体化教室	日　期	
客户任务描述	一辆新的比亚迪 e5 电动汽车，需要读取动力电池信息				
任务目的	能够与人沟通并建立良好关系，能够正确、规范地对纯电动汽车进行电池信息读取				

一、资讯

1. 电池管理系统的控制和算法的实现主要是以_____、_____、_____这三个物理量为基础的，所以数据采集结果的准确性直接影响电池管理系统的整体性能，具体涉及_____的估算、均衡控制的效果、_____以及_____等。

2. 电池工作参数的检测是_____最主要的功能之一，电池的工作参数包括电池的_____、_____以及温度。具体需要测量的是电池的电压，电池的_____以及电池的温度。其中对_____电压的测量是数据采集的首要任务，通过电压可以很好地判断电池的工作状态，_____的估算需要用到单体电池电压，其他功能的实现也需要通过电压数据进行计算。

3. 电压检测分为两部分，即_____的电压测量和_____的电压测量。

4. 电池组电压采集目前有两种方式，一种是通过_____进行采集，另一种是通过_____。搭建电压采集电路主要有两种常用的方法，即_____和_____。

5. 电池模组主要的故障现象有：_____、_____以及电池模块电压异常。

6. 比亚迪 e5 的动力电池模组内，每个模组的正负极各引出一个_____，用来采集模组内的各个点和负极母线的_____，然后相减得出_____的电压。

7. _____是通过串联于电流通路的微小电阻产生的电压变化来测量电流的设备。

8. 比亚迪 e5 电流测量采用_____电流传感器，传感器安装于_____。

9. 温度对电池的性能影响很大，温度过高将会_____，发生爆炸等安全事故；温度过低会使得电池的电解液_____，电池的充放电就无法正常进行，所以电池需要在一定的温度范围内才能够正常工作。

10. 常见的温度采集方法有：_____。

学习情境 3　动力电池的检测

11. 动力电池绝缘电阻指的是：若动力电池与车身公共地之间某处发生短路，最大的_____相对的阻值。

12. 高压互锁（High voltage interlock loop，HVIL）用于判断整个车载高压系统的_____。在电动汽车整车系统中，判断高压电气件的_____是重要环节，如果高压系统回路_____或者高压回路不完整，将会发生高压裸露、_____和连接器烧结等情况，对电池包以及整车系统的安全性造成影响。

二、计划与决策

请根据任务要求，确定所需要的仪器、工具，并对小组成员进行合理分工，制定详细的工作计划。

1. 需要的检测仪器、工具

2. 小组成员分工

3. 计划

三、实施

1. 准备工作

（1）穿戴好工服、绝缘鞋。

（2）打开车门，安装_____。

（3）拉起_____，打开前舱盖。

（4）安装翼子板布、前格栅布。

2. 电池管理器的更换

（1）将故障诊断仪_____与汽车上的诊断插座连接。

（2）踩下_____，按下电源开关，车辆上电。

（3）打开故障诊断仪开关，向上滑动解锁屏幕。

（4）单击"_____"选项。

（5）单击"比亚迪"选项。

（6）单击"e5"选项。

（7）单击"诊断"选项。

(8) 单击"_____"选项。

(9) 单击"_____"选项。

(10) 单击"电池管理系统 – 水冷"。

(11) 单击"读数据流"选项。

(12) 单击"数据流"选项，滑动屏幕观察数据流；数据流显示如下：

SOC 为_____%；电池组当前总电压_____V；电池组当前总电流_____A；

绝缘阻值为_____kΩ；放电是否允许：_____；充电是否允许：_____；

充电感应信号 – 交流：_____；预充状态：_____。

主接触器：_____；负极接触器：_____；正极接触器：_____；预充接触器_____；

高压互锁1：_____；高压互锁2：_____；高压互锁3：_____；

最低电压电池编号：_____；最低单节电池电压：_____V；最高电压电池编号_____；

最高单节电池电压：_____V；最低温度号：_____；最低温度_____；最高温度号：_____；_____；最高温度：_____。

(13) 单击"返回"。

(14) 单击"采样信息"。

(15) 向上滑动观察数据流，数据流显示_____个电池电压采样状态和_____个温度采样状态。

(16) 单击"返回"。

(17) 单击"模组信息"选项。

(18) 向上滑动屏幕，观察数据流，数据流显示模组最低单节电池电压及编号、模组最高单节电池电压及编号、最低温度电池号及最低单节电池温度、最高温度电池号及最高单节电池温度。

(19) 单击返回退至诊断初始界面。

(20) 关闭诊断仪电源。

(21) 将电源挡位退至_____挡。

(22) 取下诊断仪。

3. 现场复位

(1) 取下前格栅布、翼子板布。

(2) 关闭机舱盖。

(3) 取下方向盘套、地板垫、座椅套，关闭车门。

四、检查

1. 检查设备是否收好_____。

2. 检查车辆是否正常_____。

五、评估

1. 请根据自己任务完成的情况,对自己的工作进行自我评估,并提出改进意见。

（1）_____

_____

（2）_____

_____

（3）_____

2. 工单成绩（总分为自我评价、组长评价和教师评价得分值的平均值）

自我评价	组长评价	教师评价	总分

任务工单 3.3 动力电池的管理

任务名称	动力电池的管理	学　时	4	班级	
学生姓名		学生学号		任务成绩	
实训设备、工具及仪器	比亚迪 e5 纯电动汽车 4 辆，组合工具 4 套	实训场地	理实一体化教室	日　期	
客户任务描述	一辆新的比亚迪 e5 电动汽车，需要进行电池热管理控制器的更换				
任务目的	能够与人沟通并建立良好关系，能够正确、规范地对纯电动汽车进行热管理控制器更换				

一、资讯

1. 电池 SOC（State of Charge，SOC）又称_____，通常指电池当前剩余电量与相同的放电条件下电池的_____的比值，因此电池 SOC 也称电池的_____。

2. SOC 的估算方法有：_____。

3. 目前常见的电动汽车电池串并联组合主要有四种，分别为全部并联、全部串联、先串后并以及先并后串。

4. 电池组模型中，_____的方案可靠性最高，并且其_____和容量都能满足电动汽车的需要。当然并联时会产生_____，因此在应用到电动汽车上还需要考虑到_____的影响，其中限制_____的方法也已经普及。

5. 单体电池的_____、_____以及容量的差异是造成电池组不一致性的主要原因。

6. 如果没有充电均衡管理，电池组的充电就像_____效应一样，要么一个充满就要_____，要么就要_____，都是电池组应用的巨大障碍，而_____就是要解决这些障碍的。

7. 一般的充电均衡方法可以划分成两种，一种是_____，是利用电阻或负载等元件消耗多出的能量。另一种是_____，是利用过渡环节把能量多的电池能量转移到能量少的电池或电池组，其过渡环节采用的原件有_____、_____和_____等。

8. 动力电池的散热方式分为_____和_____两种。被动系统所要求的成本比较低，采取的措施也较简单。主动系统结构相对复杂一些，且需要更大的_____，但它的热管理更加有效。

10 主动冷却指有专用设备通过_____或者_____进行强制流动来对动力电池进行冷却。目前最有效最常用的还是采用_____作为散热介质。目前多采用的空冷主要有_____和串行两种通风方式。

学习情境 3　动力电池的检测

二、计划与决策

请根据任务要求，确定所需要的仪器、工具，并对小组成员进行合理分工，制定详细的工作计划。

1. 需要的检测仪器、工具

2. 小组成员分工

3. 计划

三、实施

1. 准备工作

（1）穿戴好工服、绝缘鞋。
（2）打开车门，安装_____。
（3）拉起_____，打开前舱盖。
（4）安装翼子板布、前格栅布。
（5）确定电源挡位在_____挡。
（6）断开_____。

2. 电池热管理控制器的更换

（1）拔下电池热管理控制器_____。
（2）拆下电池热管理控制器_____螺栓。
（3）取下电池热管理控制器及_____。
（4）从安装架上拆下热管理控制器。
（5）安装新的_____。
（6）安装电池热管理控制器及_____。
（7）插上_____。

3. 现场复位

（1）取下_____。
（2）关闭机舱盖。
（3）取下方向盘套、地板垫、座椅套，关闭车门。

四、检查

1. 检查设备是否收好_____。
2. 检查车辆是否正常_____。

五、评估

1. 请根据自己任务完成的情况，对自己的工作进行自我评估，并提出改进意见。

（1）_____

_____

（2）_____

_____

（3）_____

_____

2. 工单成绩（总分为自我评价、组长评价和教师评价得分值的平均值）

自我评价	组长评价	教师评价	总分